O RENASCIMENTO de BUDA

RYUHO OKAWA

O RENASCIMENTO de BUDA

A Sabedoria para Transformar Sua Vida

3ª EDIÇÃO REVISTA E AMPLIADA

IRH Press do Brasil

Copyright © 2017, 1989 Ryuho Okawa
Título do original em japonês: *Buddha-Saitan*
Título do original em inglês: *The Rebirth of Buddha – Buddha's Wisdom to Transform your Life*

Tradução para o português: Happy Science do Brasil
Coordenação editorial: Wally Constantino
Revisão: Francisco José M. Couto, Laura Vecchioli
Diagramação: Priscylla Cabral
Capa: Maurício Geurgas
Imagens de capa: Shutterstock

IRH Press do Brasil Editora Limitada
Rua Domingos de Morais, 1154, 1º andar, sala 101
Vila Mariana, São Paulo – SP – Brasil, CEP 04010-100

Todos os direitos reservados.
Nenhuma parte desta publicação poderá ser reproduzida, copiada, armazenada em sistema digital ou transferida por qualquer meio, eletrônico, mecânico, fotocópia, gravação ou quaisquer outros, sem que haja permissão por escrito emitida pela Happy Science – Ciência da Felicidade do Brasil.

ISBN: 978-85-64658-29-5

Sumário

Prefácio à Nova Edição 11

Prefácio 13

CAPÍTULO UM

Eu Renasci

Despertem 17
Devoção aos Três Tesouros 18
Valores Eternos 21
A Origem da Alma 23
Renunciem ao Mundo 25
Minha Iluminação 27
O Reino do Coração 28
Para Se Tornar um Ser mais Elevado 30
Busquem o Correto Coração 32
Tal qual uma Flor de Lótus 34
Conduzam Todas as Pessoas à Iluminação 35
Venham, Sigam-me 36

CAPÍTULO DOIS

Palavras de Sabedoria

Alimento para a Alma 41
Palavras de Autodisciplina 42
O Caminho do Meio 45
O Que Faz a Alma Brilhar 48
Humildade e Gratidão 51
A Prática do Amor 53
O Caminho do Aprendizado 56
O Caminho do Aprimoramento 63

CAPÍTULO TRÊS

Não Sejam Ignorantes

O Que É a Ignorância? 69
Não Sejam Gananciosos 70
O Sentimento de Oferenda 71
Os Iluminados 73
Conheçam a Si Mesmos 74
O Maior dos Ignorantes 77
O Valor da Bondade 81
A Tolice da Autopreservação 83
Não Se Apeguem ao Corpo 85
Não Sintam Raiva 88

Não Sintam Inveja 90
Não Reclamem 92
Dediquem-se em Silêncio 94

CAPÍTULO QUATRO

A Política e a Economia

No Meio Político e Econômico 99
O Pilar da Sustentação Espiritual 101
O Poder de Mudar o Mundo 102
A Verdade sobre a Política 105
A Verdade sobre a Economia 110
Ter Consciência da Abastança 116
O Desenvolvimento Adequado 122
Desenvolver-se a Partir do Caminho do Meio 126
O Caminho do Meio de uma Nação 128

CAPÍTULO CINCO

Perseverança e Sucesso

Caminhem em Silêncio 135
Momentos de Solidão 139
O Caminho para o Sucesso 141
   1. Ter um Coração Sempre Calmo 142

2. Não Despertar Inveja nos Outros 142
3. Exalar a Fragrância da Iluminação 144
O Som da Flauta de Bambu 145
A Iluminação em uma Vida Simples 150
Perseverança e Virtude 155

CAPÍTULO SEIS

O Que É Reencarnação?

A Filosofia da Reencarnação 159
Conheçam Seu Valor 164
A Maior das Verdades 166
Os Abençoados 169
O Caminho da Felicidade 171
Descobertas Diárias, Emoções Diárias 174
A Presente Vida e a Próxima Encarnação 175
O Evangelho da Esperança 181

CAPÍTULO SETE

A Fé e a Construção do Reino Búdico na Terra

Quem é Buda ou Deus? 189
Gratidão ao Grande Espírito do Universo 191

Reverenciar os Espíritos Elevados 193
O Alicerce da Fé 196
Devoção a Buda 198
Fé Absoluta 203
O Pecado de Perturbar a Harmonia entre os Discípulos 206
Procurem o Caminho com Humildade 208
Mesmo que Percam a Vida Terrena 210
Se Não Houver Fé… 213
A Utopia Começa em Casa 216
Do Coração para o Mundo 222

Posfácio 225
Posfácio à Nova Edição 227
Sobre o Autor 229
Sobre a Happy Science 233
Contatos 235
Partido da Realização da Felicidade 240
Universidade Happy Science 241
Filmes da Happy Science 244
Outros Livros de Ryuho Okawa 247

Prefácio à Nova Edição

Lembro-me da profunda emoção que senti há 2.500 anos, quando ensinei meus discípulos no monte Rajgir, na Índia, junto a Rajagriha, a capital do Reino de Magadha.

Naquela época, vocês tinham a cabeça raspada. Andavam com o corpo envolvido por trajes tingidos da cor do caqui e seus olhos enchiam-se de lágrimas de felicidade quando ouviam meus sermões. A época e o país em que nasceram desta vez são diferentes, e as roupas que vocês vestem são outras.

No entanto, o sentimento em seu coração em relação ao ensinamento da Verdade Búdica é o mesmo. Mestre e discípulos estão eternamente ligados pela Lei. Buda, Darma e Sanga são um só corpo.

Eu entrego novamente a vocês este livro eterno.

Ryuho Okawa
Outubro de 1994

Prefácio

O Renascimento de Buda, como vocês verão pelo conteúdo desta obra, é uma mensagem que Buda transmite a seus discípulos com suas próprias palavras sobre a essência da doutrina do budismo. Trata-se de um guia seguro para aqueles que despertaram para a Verdade Búdica. Algumas vezes, ele servirá como uma severa voz de advertência.

Muitos já estudaram o budismo anteriormente, mas acredito que nunca a essência dos ensinamentos budistas havia sido transmitida de maneira tão clara como nestas páginas. Os ensinamentos são passados em forma de mensagens diretas e abordam o ponto central da questão, por isso é fácil compreendê-los.

Este livro é indispensável a todos os buscadores da espiritualidade e religiosidade e deverá ser guardado com muito carinho para sempre. Tenho uma profunda esperança de que vocês estudem cada uma destas páginas.

Ryuho Okawa
Julho de 1989

Capítulo 1

Eu Renasci

Meus amados discípulos,
Lembram-se da minha voz?
Vocês têm me ouvido falar desde o passado remoto.
Por dezenas de milhares de anos,
Por centenas de milhares, por milhões de anos,
Muitas e muitas vezes.
Vocês têm nascido junto Comigo na Terra,
E mesmo quando estão no Mundo Real[1]
Continuam como meus discípulos,
Aprendendo o caminho da Verdade Búdica.

---

1. O Mundo Real é o mundo verdadeiro, o mundo espiritual, que é a nossa casa verdadeira.

Despertem

Meus amados discípulos,
Eu nasci novamente nesta era.
Alegrem-se com o meu renascimento.
Despertem para o meu renascimento.
Vocês devem despertar para a verdade de que renasci.

Muitos séculos atrás, nas terras da Índia,
Vocês ouviram o que Eu falei.
Vocês, meus discípulos de laços eternos,
Ouviram meus ensinamentos nas terras da Índia.
Ó milhares e dezenas de milhares
De eternos discípulos meus, vocês precisam despertar.
Por que vocês ainda continuam em sono profundo?
Se não acordarem,
Não conseguirei cumprir o que vim fazer aqui.
Quando Eu alcanço a iluminação,
Todos os meus discípulos devem despertar Comigo.
Quando Eu falo, todos os meus discípulos
Devem se reunir à minha volta.

Meus eternos discípulos,
Ouçam o ecoar das minhas palavras,
Há muito tempo esquecidas.
Ouçam a minha saudosa voz, há muito não ouvida.
Relembrem minhas palavras.

Muitas e muitas vezes, tenho dito a vocês
O quão grandiosa é a raça humana.
O quão grandiosa é a alma humana.
E o quão grandiosa é a missão da humanidade.

Meus eternos discípulos,
Embora neste momento seu corpo, seu rosto
E sua mente possam não estar preenchidos
Por um brilho diamantino,
Eu já lhes ensinei que vocês devem limpar a mente
E observar profundamente seu coração.
Tenho ensinado a vocês que,
Quando purificarem sua mente
E olharem sua verdadeira imagem,
Descobrirão que são diamantes resplandecentes.
Eu sempre ensinei
Que vocês irão descobrir em seu interior
O brilho cintilante de uma pedra de diamante.

Devoção aos Três Tesouros

Meus eternos discípulos,
Meus amados discípulos!
Ouçam a minha voz.
No passado, eu tinha ensinado a vocês
A se devotarem aos Três Tesouros.

Eu Renasci

Os Três Tesouros são Buda, Darma[2] e Sanga.
Buda é o Buda reencarnado.
Ele é o ser Iluminado, que está desperto.
Darma é a Lei de Buda,
São os ensinamentos pregados por Buda.

Os ensinamentos transmitidos por Buda
No passado, no presente e no futuro
São um Veículo Único[3].
Um único veículo, um único meio de ensinar,
Um conjunto de ensinamentos.
Nos últimos milhões de anos,
Dezenas de milhões de anos,
E desde tempos ainda mais remotos,
A humanidade criou muitas sociedades magníficas,
Grandes eras e grandes culturas.
A Lei de Buda pode assumir várias formas
Em diferentes eras, regiões e culturas.
Mas a Lei de Buda
Tem sido sempre um Veículo Único.
Os verdadeiros ensinamentos de Buda
Sempre existiram ao longo de todas as eras.
Entre vocês que agora ouvem minha voz,
Muitos já ouviram meus ensinamentos no passado,

---

2 No budismo, o Darma é a lei ou a verdade que determina a realidade espiritual de todos os seres humanos.
3. O Veículo Único é o ensinamento único que salva e conduz as pessoas à iluminação.

Ao longo de muitas de suas reencarnações,
Sob diferentes formas.
Esses ensinamentos sempre transmitiram
Uma única verdade.
Mostraram que existe um Grandioso Ser Espiritual
Que governa o Grande Universo.
E que, quando esse Grandioso Ser Espiritual
Envia uma parte de Si à Terra,
Ele se torna o Buda encarnado.
O Buda encarnado tem a missão e a autoridade
Para ensinar as Leis do venerável Grande Espírito.
Dessa forma, as Leis do Grandioso Espírito
São transmitidas por Buda.
E pela força dos discípulos,
As Leis ensinadas por Buda são reunidas nas escrituras.
Os ensinamentos que emanam dessas escrituras
São as Leis Eternas.
Por isso, a humanidade deve viver segundo essas Leis.
Não importa se Buda está na Terra ou não.
Mesmo depois que Ele deixa a Terra,
Essas Leis Eternas são a luz-guia para muitas pessoas.
Devem se tornar o farol que guia
Inúmeras pessoas na direção correta.

Meus amados discípulos,
Felizes são aqueles que nascem na mesma época de Buda.
Os que nascem quando Buda não está presente,

∽ Eu Renasci ∽

Devem depositar toda a sua confiança nas Leis,
Basear suas decisões nas Leis
E viver segundo as Leis e para as Leis.
Depois, o Sanga, que é a ordem dos meus discípulos,
Deve estudar as Leis de Buda,
Protegê-las e difundi-las para muitos.
Se as Leis de Buda serão transmitidas
A muitas pessoas ou não, dependerá da força do Sanga.

Valores Eternos

Meus eternos discípulos,
Vocês não devem se apegar aos valores desta era.
O mundo está repleto de profissões tentadoras.
Há muitas ocupações fascinantes, no sentido mundano.
Mas vocês não devem deixar que seu coração
Seja seduzido por essas coisas.
Sua mente não deve se deixar levar
Pelo que as outras pessoas comentam.
Sua mente não deve ser influenciada
Pelo que os outros dizem.
Pela eternidade, ao longo das reencarnações,
Vocês sempre ouviram e seguiram minhas palavras.
Bem lá no fundo de seu coração,
No mais puro e sincero recanto da sua mente,
Vocês já conhecem o que possui valor eterno.

O que tem valor eterno é estar conectado às Leis
Ensinadas por Buda,
Viver segundo as Leis transmitidas por Buda,
Esforçar-se para divulgar as Leis de Buda por toda parte,
Levar essas Leis ao coração de cada uma das pessoas.
É tornar-se como o sangue caloroso,
Que leva essas Leis ao coração
De toda e qualquer pessoa.
Por acaso, não são estes os valores que sempre
Fizeram sentido para vocês?

Meus queridos discípulos,
Não deixem que sua mente
Se perca com os valores terrenos.
Não se deixem enganar pela visão
Dos valores deste mundo.
Meus queridos discípulos,
Reflitam sobre o verdadeiro sentido da vida.
Tenho ensinado a vocês, repetidas vezes,
Que os seres humanos possuem vida eterna.
A coisa mais importante
No curso da vida eterna
É compreender que existe um grande Poder
Que está mantendo a vida eterna dos seres humanos.
Ao despertar para esse Poder,
Devemos sentir gratidão,
E dedicar nossa vida a essa Grandiosa Força.

Portanto, deixem que o ciclo de suas reencarnações
Gire nessa grande roda da Lei.
Deixem que sua vida percorra esses ciclos.
Buda, Darma e Sanga são individualmente preciosos.
Mas, por mais independentes que possam parecer,
São uma trindade.
Não haverá sentido no renascimento de Buda
Se não houver meios para pregar as Leis.
As Leis morreriam sem o Sanga para difundi-las.
Mesmo que houvesse o Sanga, se não houver Buda,
Não haverá uma base sobre a qual possa viver.
Assim, Buda, Darma e Sanga dependem um do outro,
E, juntos, formam um único Poder.
Sim, quando vocês refletirem sobre a natureza das Leis,
Verão que as Leis não existem
Separadas da vida humana.

A Origem da Alma

Amados discípulos,
Procurem conhecer a origem de sua alma.
Recordem-se do momento em que sua alma foi criada.
Concentrem seus pensamentos
Na grandiosa fonte da alma.
Certamente vocês já aprenderam
Que o Grandioso Espírito do Macrocosmo,

Com o objetivo de levar prosperidade
E progresso ao Universo,
Se personificou, mostrando sua imagem.
Por isso, um Grandioso Ser Espiritual personificado
Possuidor de grande poder também surgiu na Terra.
E esse Grande Espírito personificado
Criou um grande número de almas com seu poder.

Isso mesmo, o Ser Espiritual
Que vocês conhecem como Buda
É também o pai de sua alma.
É exatamente Ele o Pai
Que criou muitos dos seres humanos,
Nutrindo-os e educando-os.
Por isso, a relação entre Buda e os discípulos (Sanga)
É a mesma de pai para filho.
Por isso, o ensinamento (Darma) transmitido por Buda
É como um cordão umbilical
Que liga o Pai ao Filho, que liga a Mãe ao Filho.
Em certos momentos,
O ensinamento é como a fonte que alimenta,
Em outros, é como se fosse a fonte do sangue,
Em outros, é como se fosse a fonte do oxigênio,
Em outros, se torna a fonte que dá a vida.

Saibam, meus amados discípulos,
Que a relação entre Mestre e discípulo

∞ Eu Renasci ∞

É como a de um pai para um filho
Ou como a de uma mãe para um filho.
Saibam que o Darma é o que faz essa ligação
Entre os pais e os filhos.
Enquanto vocês se mantiverem unidos
Por meio do ensinamento,
Não deverão sentir fome nem sede.
Se sentirem fome ou sede, significa que
Não estão se empenhando em estudar as Leis
E em praticar as Leis
A ponto de fazê-las se tornarem parte de si mesmos.

Renunciem ao Mundo

Meu filhos, de agora em diante
Estudem bem o conteúdo das Leis que estou ensinando.
Ouçam com atenção todas as minhas palavras.
Eu já estive ensinando vocês muitas vezes no passado.
Desci ao mundo terreno num corpo carnal,
Encarnei no corpo de um bebê,
Passei pela fase da infância e depois me tornei adulto,
Do mesmo modo que vocês.

Mas, ao ver os sofrimentos e aflições deste mundo,
Senti que não poderia deixá-lo desse jeito.
Por isso, me tornei um renunciante a este mundo,

O Renascimento de Buda

E como um asceta busquei o Caminho
Para salvar as pessoas.
Ampliei meus conhecimentos
Indo a muitos lugares.
Pratiquei meditação nos mais variados locais,
Polindo meu coração.
Em certos momentos,
Fiz das pessoas meus mestres,
Outras vezes, meus mestres eram os animais.
Aprendi o modo de vida
Dos cervos, das cobras, dos coelhos e dos elefantes.
Aprendi o modo de vida dos peixes nos rios.
Aprendi o modo de vida das árvores
Que crescem aqui e ali,
O modo de vida das flores
Nas montanhas e planícies,
E até o modo de vida da relva.
Aprendi o modo de vida
Das abelhas e das borboletas.
Fiz de todas as coisas do universo
Meus mestres.
A fim de dominar as verdadeiras Leis de Buda,
Estudei e estudei,
Aprimorei minha mente, sem descanso,
E continuei disciplinando a mim mesmo.
E depois de seis anos de aprimoramento,
Alcancei um nível de iluminação.

Minha Iluminação

Qual foi a iluminação que consegui alcançar?
Havia questões que eu pesquisava incessantemente,
Tais como: o que é o ser humano?
Qual é a missão das pessoas?
Qual é o propósito da existência do universo?
E por que razão existe Buda?
Qual é a relação entre Buda e o ser humano?
Qual é a missão da humanidade,
Qual é o propósito da vida
E a natureza da felicidade humana?
O que está na base da felicidade?
E será que realmente vale a pena
Passar a vida toda buscando a felicidade?
Essas foram as questões que busquei, persegui,
E obtive as respostas.
Essa foi minha iluminação como Buda.

Muitos de vocês provavelmente já leram
Sobre a minha iluminação
Em várias escrituras budistas atuais.
No entanto, elas são apenas textos
Que, embora tenham forma, não possuem fragrância.
Apesar de restar a imagem, falta o conteúdo.
Vocês conseguem compreender
Qual foi a natureza da minha iluminação?

Conseguem se lembrar
Do que aprenderam nas vidas passadas
A respeito da minha iluminação?
Conseguem se lembrar com clareza da iluminação
Que alcancei e que ensinei a vocês?

O Reino do Coração

Amados discípulos, no passado, ensinei a vocês
Que sua alma está sempre construindo
Um reino eterno.
Não importa o quanto seu corpo possa estar sujo,
Não importa o quanto suas roupas estejam imundas,
Ou o quanto seu corpo esteja debilitado,
Sua alma é o senhor deste reino.
E tenho ensinado a vocês que, para se tornarem
Os verdadeiros soberanos da própria alma,
Vocês devem ser capazes de controlar
Seus movimentos e sua energia.
Vocês, e somente vocês, têm condições de se tornarem
Senhores da própria mente.
Ninguém, além de vocês, possui qualificação para isso.

Lembrem-se bem do que lhes ensinei.
Vocês precisam se tornar senhores da própria mente.
Devem governar o reino do próprio coração.

Eu Renasci

Sua mente irá se tornar cada vez mais livre
À medida que desenvolverem força para controlá-la.
Ensinei a vocês para serem como um cavalo alado,
Pégaso, capaz de se erguer livremente aos céus
E galopar pelos campos da terra.
Para isso, primeiro, devem se lembrar
Desses ensinamentos, da parte essencial do Darma.
São vocês mesmos que devem controlar seu coração.
Sua mente é algo que lhes foi concedido,
Portanto, somente vocês
Poderão governá-la totalmente.
Não há mente que não possa ser controlada
Por meio do próprio esforço e dedicação.

Apesar de já ter lhes ensinado isso no passado,
Mais uma vez estou ensinando.
Quando conseguirem treinar a mente,
Uma grande força espiritual começará a brotar.
A força espiritual obtida
Como resultado do treinamento da mente
É a grande conquista do aprimoramento da alma
Que vocês vieram efetuar neste mundo terreno.

Do mesmo modo que vocês podem exercitar
Seus músculos para obter mais força física,
Sua mente pode ser treinada e aprimorada
Para exercer uma poderosa força espiritual.

Depois que vocês adquirirem essa força espiritual,
Ela não poderá mais ser ocultada.
Nunca se esvairá e nunca perderá seu valor.
Esse poder se tornará seu tesouro imortal.
É isso o que venho ensinando.
Tenho ensinado que o poder espiritual do ser humano
Aumenta de acordo com a dedicação no aprimoramento.
E certamente já lhes disse que
Há várias formas de disciplina
Para aprimorar essa força espiritual.
Foi por isso que lhes concedi várias metas
Que vocês devem buscar para seu aprimoramento.
E a maior de todas elas é o ensinamento
Que diz para libertar a mente dos apegos.

Para Se Tornar um Ser mais Elevado

Amados discípulos,
Vocês se lembram de quando eu ensinava que vocês
Devem se libertar dos apegos deste mundo?
Conseguem lembrar detalhadamente do que falei?
A consciência do ser humano enfraquece
Quando está na Terra, e se torna escrava do corpo físico.
Você é arrastado no fluxo dos desejos do corpo carnal,
Ou pelas necessidades do corpo físico.
Já expliquei sobre essas tendências.

Não quero dizer que o desejo humano seja algo ruim,
Pois os humanos são seres vivos,
Cuja existência é também governada
Pela Lei da Preservação das Espécies.
No entanto, o propósito da preservação
Da espécie humana, ao contrário do que ocorre
Com os animais e as plantas,
Não deve ser orientado pela mera preservação.
Vocês, que estudam as Leis,
Vocês, que buscam o aprimoramento,
Que são chamados de discípulos de Buda,
Devem ir muito além disso.
Não devem simplesmente almejar sobreviver na Terra.
A existência neste mundo somente se torna
Algo positivo quando se vive para um propósito
Superior à sobrevivência.
Portanto, não se deve confundir os meios para
Sobrevivência com os objetivos da existência.
Não se esqueçam de que a existência na Terra
Visa servir a um propósito muito mais elevado.

Certamente vocês devem possuir desejos.
Na verdade, esses desejos são inseparáveis
Da energia da vida.
Anular todos os desejos
Seria o mesmo que tentar anular a força da vida.
Por essa razão, sempre lhes dizia que

Vocês precisam afastar os pensamentos impuros
E os pensamentos não corretos.
Eu dizia:
Afastem os desejos sensuais imorais,
Afastem os desejos gananciosos pelo dinheiro,
Afastem os desejos de estar no controle e de dominar,
Afastem os desejos de ter posses de forma incorreta,
Afastem os excessos ao comer e beber.
Eu sempre os ensinei a não pronunciarem
Palavras obscenas, grosseiras ou negativas
Nem agirem de forma mal-intencionada e impura.
Foram essas coisas que ensinei a vocês.

Busquem o Correto Coração

Amados discípulos,
Vocês percebem de que maneira
Meus ensinamentos estão sendo transmitidos agora?
Nesta minha presente encarnação,
Estou pregando sobre a busca do Correto Coração.
É o mesmo que ensinei no passado,
Para que vocês eliminassem os desejos sensuais,
Os pensamentos impuros e os sentimentos de maldade.
Visto por uma perspectiva diferente,
Equivale à busca do Correto Coração.
Vocês devem entrar para o Correto Caminho.

Eu Renasci

Busquem o Correto Caminho.
Para isso, é preciso controlar os sentimentos,
Os pensamentos e as ações
Praticados ao longo da vida.
Os pensamentos que surgem em sua mente
Precisam ser controlados, e também seus motivos.
Mas, se por acaso suas ações forem malignas,
Vocês precisarão praticar a reflexão.
Também ensinei a vocês o princípio do perdão.
Por serem humanos, talvez alimentem
Desejos equivocados no coração.
E por serem humanos, talvez ajam de forma incorreta.
Como seres humanos,
Vocês não são absolutamente seres perfeitos
Vagando por esta Terra,
E são forçados a encarar e viver neste mundo
Cheio de tentações.
Mas não devem se queixar por isso.
Não fiquem tristes pelo fato de terem de enfrentar
Muitas tentações ao longo da vida.
Embora precisem enfrentar essas dificuldades,
Lembrem-se de que foi dada a vocês uma maneira
De acabar com o mal e purificar a mente:
Trata-se da prática da reflexão.
Não seriam estes os "Oito Corretos Caminhos"
Que eu sempre lhes ensinei?
Pensem bem nisso.

Tal qual uma Flor de Lótus

Amados discípulos,
Eu sempre amei a flor de lótus.
Por isso, tenho usado essa linda flor
Em muitas de minhas parábolas.
Observem os pântanos de lá longe.
Observem os pântanos daqui.
Os pântanos onde as flores de lótus nascem
Não possuem boa aparência.
Em outras palavras, são lugares que contêm
Tantas impurezas
Que nunca poderíamos dizer que são limpos.
A água é turva, e sua lama exala um mau cheiro.
São exatamente esses lugares
Que as sementes do lótus escolhem
Para se espalhar, germinar e florescer.
Seus bulbos límpidos se erguem
Da superfície da água lamacenta,
E suas flores brotam em cores de rara beleza,
Em tons de vermelho, lilás e branco.
Seu aspecto não parece ser algo deste mundo.

Amados discípulos,
Despertem, pois assim também é a missão de vocês.
Saibam que o seu chamado celestial
É como a flor de lótus.

∾ Eu Renasci ∾

O mundo, e tudo o que há nele,
Pode parecer repleto de impurezas.
O mundo pode estar repleto de tentações,
Pode estar repleto de perigos
Que os fazem tropeçar e se perder.
No entanto, vocês não devem evitar esses ambientes.
Não devem fazer força para fugir deles.
Em vez disso, devem fazer brotar nesse lodo pantanoso
Lindas e maravilhosas flores de lótus.
Este é o significado de vocês terem nascido
Como meus discípulos nesta vida.
Já ensinei isso a vocês no passado,
E estou ensinando novamente agora.
Por mais tristezas que possa haver neste mundo,
Por mais sofrimentos que possa haver à sua volta,
Vocês não devem usar isso como desculpa.

Conduzam Todas as Pessoas à Iluminação

Se vocês realmente creem na minha voz,
Então acreditem nas palavras que vou lhes dizer agora.
Sempre que este mundo está repleto de nuvens negras,
Buda e seus discípulos nascem aqui.
É quando a mente dos seres humanos
Está em decadência
E prestes a cair na mais profunda ruína.

Essa é razão pela qual os discípulos de Buda
Nasceram nesta era.
Desse modo, é possível conduzir
Todas as pessoas à iluminação e salvá-las.
É por isso que vocês não devem se lamentar
De terem nascido
Numa época, num ambiente e entre pessoas assim.
As épocas em que vocês descem à Terra,
As épocas em que vocês nascem neste mundo,
São sempre períodos de grande sofrimento
E tristezas para a humanidade.
Por isso, procurem refletir
Se por terem nascido numa época assim
Não seria sua missão
Anunciar o alvorecer de uma nova era.
Será que não seria dessa forma
Que vocês conseguiriam cumprir a promessa
Que fizeram a Buda?

Venham, Sigam-me

Ó meus amados discípulos,
Meu coração está repleto de alegria
Por vê-los de novo nesta vida.
Assim como prometi no passado
Que retornaria quando chegasse o momento

Eu Renasci

De pregar novamente as Leis,
Quando o mundo entrasse em decadência,
Renasci neste mundo
Onde as pessoas não seguem mais as Leis.
Prometi que, com vocês,
Entregaria minha vida
Para construir o Reino Búdico.
Prometi que, nos últimos dias do Darma,
Desceria novamente à Terra,
Para pregar uma nova Lei.
Vocês conseguem se lembrar dessa promessa que fiz?
Jamais esqueci essa promessa por um momento sequer.
Os dias de decadência da humanidade,
Em que as pessoas não mais seguem as Leis divinas,
Chegaram.
Por isso, estou atendendo ao chamado desta era.
Esta era também está chamando vocês.

Meus eternos discípulos,
Acreditem na minha voz.
Despertem com a minha voz.
Sigam na direção em que estou caminhando.
Venham e sigam esta alva mão que lhes acena.
Eu sou seu eterno Mestre.
A missão dos discípulos
É seguir o eterno Mestre.
Nunca se esqueçam disso.

Capítulo 2

Palavras de Sabedoria

*Meus amados discípulos,
Ouçam com atenção minhas palavras.
Tenho constantemente ensinado a vocês
Que precisam adotar um guia para o coração,
Pois seu coração sempre oscila
De um lado para o outro.
Assim como uma bússola
Sempre aponta para o norte,
Sua mente deverá estar voltada
Para a direção de Buda.*

Palavras de Sabedoria

Alimento para a Alma

O guia para o coração
São justamente as palavras de sabedoria.
Vocês precisam buscar as palavras de sabedoria
E fazer delas o alimento da sua vida.
Meus caros, palavras de sabedoria
Não são fáceis de achar em qualquer lugar.
Mas, ao longo da vida,
Vocês irão receber essas palavras de sabedoria
Da forma certa,
No exato momento em que precisarem delas.
Atualmente, também as minhas palavras
Estão sendo registradas e lidas por muitas pessoas
Como palavras de sabedoria.
No entanto, preciso dizer a vocês
Que essas palavras não foram ditas
Para uma hora exata,
Para um lugar ou um público determinado.
As pessoas que as leem não sabem
A quem essas palavras foram dirigidas,
Nem onde, quando e como foram ditas.
As palavras são algo muito complexo;
Quando não são pronunciadas no lugar certo,
No momento certo e para as pessoas certas,
Dificilmente exercem
Seu verdadeiro poder.

Amados discípulos,
O sentido que vocês captam
Das minhas palavras e sermões
Muda conforme o estado da sua mente
E de acordo com o momento
Em que vocês as ouvem ou leem.
Portanto, amados discípulos,
Vocês não devem interpretar minhas palavras
Apenas de acordo com a sua conveniência.
Em vez disso, procurem meditar sobre
O verdadeiro sentido das minhas palavras.
Minhas palavras não são dadas
Apenas para resolver seus problemas pessoais.
Elas são dirigidas a um grande número de pessoas.
Dessas palavras,
Escolham aquelas que irão alimentar seu coração.
Procurem aquelas que façam vibrar sua alma.
Selecionem aquelas que lhes pareçam naturais,
E que vocês acreditam que são universais.
Pois assim se tornarão palavras de grande sabedoria.

Palavras de Autodisciplina

Meus caros,
As pessoas tendem a ficar cheias de vaidade
Quando tudo vai bem na vida delas.

Para evitar que vocês se tornem presunçosos,
Precisarão fazer uso de palavras de autodisciplina.
É importante que sejam capazes de se repreender.
Gravem as palavras de autodisciplina
Em seu coração.
Repitam essas palavras e
Mantenham-nas prontas em sua mente.
Mas o que são essas palavras de autodisciplina?
Elas constituem um lembrete de que,
Quando a vida está boa,
As pessoas tendem a se tornar negligentes
Por causa de excessiva confiança.

Amados discípulos, não se tornem
Excessivamente confiantes em suas forças.
Mesmo que suas ações produzam
Resultados maravilhosos,
Não se deixem levar pelo excesso de confiança.
Não se valorizem excessivamente.
Não pensem que o mérito é apenas de vocês.

Vocês estão ligados à Vida Eterna.
Estão unidos à Vida do Grandioso Espírito.
Vocês são unos com a vida de Buda,
Por isso, também são parte da vida Dele.
Assim, quando acreditarem em Buda
E seguirem Suas Leis,

Conseguirão realizar feitos grandiosos.
Muitas grandes obras surgirão.
Vocês serão testemunhas
De muitos milagres extraordinários.
Mas não pensem que isso tudo é possível
Apenas por causa do seu poder individual.
Não pensem que foram vocês que realizaram
Tais coisas apenas com sua própria capacidade.
Esses milagres somente foram possíveis
Porque vocês estão conectados
À vida do Grande Universo.
Os resultados lhes foram concedidos
Por estarem unos com a Grande Sabedoria.

Meus queridos,
Saibam que não há nada no universo
Que vocês sejam capazes de realizar
Apenas com suas próprias forças.
Conscientizem-se de que estão
Sobre a palma da mão do grandioso Buda.
É porque Buda mantém sua mão aberta que vocês
São capazes de andar e realizar coisas sobre ela.
Se Buda fechar a mão,
O universo mergulhará nas trevas.
Mas, se Buda mantiver sua mão aberta,
O universo existirá dentro da infinita luz.
Vocês não devem esquecer que neste exato momento

Estão vivendo na palma da mão de Buda.
Por isso, não há nada que possam realizar
Somente com suas forças.
As coisas que parecem ter conseguido
Por meio de suas forças
Foram, na realidade, realizadas pelo poder de Buda.
Tenham sempre isso em mente;
É preciso que gravem bem no fundo do coração
Esse segredo do Grandioso Universo.

O Caminho do Meio

Há algo que gostaria de lhes dizer cuidadosamente.
Nunca se esqueçam de que,
À medida que as pessoas sobem os degraus do sucesso,
Estão ao mesmo tempo descendo
Em direção ao fracasso.
Os caminhos para o sucesso e para o fracasso
São como os dois lados de uma mesma moeda.
Isso torna-se mais nítido
Conforme a ladeira fica mais íngreme.
Aqueles que não conhecem o fracasso
É porque nunca buscaram de verdade o sucesso.
Aqueles que experimentam muitos sucessos
Acabam sofrendo vários fracassos.
A vida se parece com os fios entrelaçados de uma corda.

Assim como ela possui um lado esquerdo,
Tem um lado direito,
Um lado superior e um lado inferior.
Da mesma forma, a felicidade e a infelicidade são como
Os fios de cima e de baixo de uma corda.

Tenho certeza de que vocês já
Balançaram uma corda antes.
Quando se balança uma corda fazendo ondulações,
Surgem nela muitos "picos e vales".
A corda é a mesma, mas uma hora ela forma um pico,
E, logo depois, um vale.
Da mesma maneira,
Nossa vida passa por muitos altos e baixos.
No entanto, gostaria de lhes dizer que,
Não importa em que ponto vocês estejam da vida,
Deverão ser fiéis ao seu coração,
E fazer do Caminho do Meio o seu princípio.
A filosofia do Caminho do Meio não é uma teoria
Que os impedirá de ter sucesso,
Nem é algo idealizado apenas para regastar as pessoas
Que estejam à beira do fracasso.
A filosofia do Caminho do Meio
É o Caminho Real para a vida.
Saibam que esse é o Caminho Real.
Em tempos de sucesso, de triunfo,
Quando a maré está boa,

Procurem se disciplinar,
Vivendo com humildade e austeridade.
Em sua humildade,
Nunca se esqueçam de sentir gratidão
Para com os outros e em relação a Buda.
As pessoas que não se esquecem de ser humildes e gratas
Nos momentos favoráveis e de sucesso
Farão com que seu sucesso
Continue aumentando cada vez mais.
Ter um grande sucesso não significa
Que a pessoa saiu do Caminho do Meio.
O sucesso que não se afasta do Caminho do Meio
É aquele que vem acompanhado
De humildade e gratidão.
Quando o sucesso está acompanhado
De humildade e gratidão,
Significa que já está dentro do Caminho do Meio.
Esse é o caminho que vivifica todas as pessoas.
O sucesso conseguido
Não deve causar o fracasso de outras pessoas.
Seu sucesso não deve prejudicar ninguém,
Nem fazer os outros infelizes.
O caminho para o sucesso
Deve ser aquele que faz todas as pessoas crescerem.
O caminho que nutre a todos
É uma estrada grandiosa, ampla e plana.
É a estrada que conduz para além dos limites.

Essa é a estrada do Caminho do Meio.
Saibam que o Caminho do Meio
É também a Estrada Dourada,
Porque ele brilha com luz dourada.
Meus amados, compreendam essa Verdade.

O Que Faz a Alma Brilhar

Meus amados,
Quando estiverem cercados por infelicidades,
Procurem não se lamentar nem se entristecer.
Porque é nos momentos de infelicidade
Que vocês se qualificam para entrar
No Caminho do Meio.
Muitos de vocês se lamentam pela vida que têm
Quando se sentem infelizes.
Ficam pensando seguidamente nos seus erros.
Sentem pena de si mesmos pelos próprios sofrimentos.
Mas gostaria de lhes dizer que esses momentos
São os preparativos para entrar na Estrada Dourada.
Levantem-se mais uma vez e vençam a desesperança,
Porque Buda atua através de vocês.
Vocês são parte da grandiosa vida de Buda.
E, por serem assim,
Nunca poderá haver verdadeiro fracasso neste mundo.
Nunca poderá haver verdadeira derrota neste mundo.

Nunca poderão cair verdadeiramente
Nas profundezas da infelicidade.
Porque tudo aquilo que parece ser fracasso,
Derrota e infelicidade
Não passa de mecanismos para fazer sua alma brilhar.
Funcionam como pedras de amolar para lapidar a alma.
Aprendam a pensar desse jeito.
Esse é o fundamento da Verdade Búdica.
Não nego que existam sofrimentos e dificuldades
Neste mundo.
Não nego que existam sofrimentos e dificuldades
Também no outro mundo.
Na verdade, a dor e o sofrimento
Não são um bem em si.
A existência deles não foi permitida só para causar dor.
Apenas existem para servir
Como pedra de polimento da alma.
São como lixas para refinar e fazer a alma brilhar.

Meus amados,
Vocês precisam encarar a dor e o sofrimento
Dessa maneira.
Quando estiverem passando por momentos difíceis,
Procurem descobrir o que o destino
Está tentando lhe ensinar; compreendam
Qual é a lição que lhes está sendo ensinada
E transformem isso em alimento para sua alma.

Façam disso um mandamento pessoal.
Façam de seus fracassos lições para o aprendizado.
E, assim, sigam novamente pelo Caminho do Meio.
Quando estiverem trilhando por essa estrada,
Talvez surjam os mesmos perigos e problemas
Que vocês já encontraram no passado.
Nessas horas, façam uso do conhecimento,
Da experiência e da sabedoria
Que acumularam com suas vivências passadas.
Assim, não repetirão os mesmos erros.
Porque essas experiências,
Essas lições que vocês aprenderam
Com as dificuldades que já enfrentaram,
Irão se tornar parte da sua sabedoria.
E essa sabedoria irá protegê-los,
Pois sua cabeça ficará envolta pela luz.

Portanto, não tenham medo de fracassar.
O fracasso é uma vacina que Buda lhes concedeu
Para que possam ter um sucesso ainda maior
E para protegê-los de um grande fracasso no futuro.
O fracasso é uma imunização dada por Buda
Para prevenir falhas no futuro.
É dada a vocês para que possam treinar sua alma
E preencher sua vida com uma luz muito maior.
Assim, ao entrarem pelo Caminho do Meio,
A luz eterna lhes será prometida.

Humildade e Gratidão

Meus amados discípulos,
Eu tenho sempre lhes ensinado
A não buscarem a felicidade
Somente para si mesmos.
Ensinei muitas vezes que
Não é suficiente ser feliz sozinho.
Ao entrarem pelo Caminho do Meio
E encontrarem a felicidade, lembrem-se
De que essa felicidade não é apenas para vocês.
A felicidade obtida ao trilhar o Caminho do Meio
Precisa ser devolvida às pessoas à sua volta.
Ela deve se tornar a força que irá salvar o próximo.

Vocês realmente já pensaram alguma vez
Sobre a razão pela qual o Caminho do Meio existe?
Por exemplo, imaginem que vocês se desviaram
Do Caminho do Meio e passaram a trilhar
Os caminhos espinhosos do sofrimento.
Vocês ficarão desesperados para encontrar a salvação.
Muitos à sua volta ficarão pensando apenas em salvá-los.
O fato de causar sofrimentos e preocupações aos outros
Mostra que vocês estão levando uma vida negativa.
Por isso, devem, o mais rápido possível,
Abandonar o caminho espinhoso
E voltar para o Caminho do Meio.

Também ensinei que vocês devem ser humildes
E não se esquecerem da gratidão
Quando a vida estiver indo bem.
Conseguem compreender o significado destas palavras?
Sabem o que significa essa humildade?
Ser humilde significa frequentemente lembrar-se
De que vocês estão sempre recebendo ajuda
De muitas pessoas e da força de Buda.
Adotem isso como princípio
Para evitar se tornarem convencidos.

Em seguida,
Vocês sabem o que é gratidão?
Gratidão é a ação que se origina da humildade.
A gratidão surge somente quando se é humilde.
Quando uma pessoa sente gratidão,
A humildade se expressa em boas ações
Voltadas ao próximo.
Isso é realmente muito importante.
A razão pela qual é permitida a existência
De pessoas bem-sucedidas
É que, por meio delas, se exercita
A prática do amor ao próximo.
Embora as pessoas que realizam grandes colheitas
Sejam invejadas e difamadas pelos outros,
Há uma maneira de fazer
Com que os outros se alegrem

Com o sucesso dessa colheita.
Basta que vocês compartilhem com o próximo
As frutas, o arroz e o trigo que colheram.
Se assim o fizerem,
Vocês se tornarão a própria existência do amor.
Sua existência se tornará o bem.
Vocês serão o bem.
Essa é a verdadeira essência do sucesso.
O grande erro das pessoas que tiveram sucesso
É tentar usufruir dos benefícios
Obtidos somente para si.
Mas, aqueles que procuram usar
Os frutos de seu sucesso para nutrir muitas pessoas,
Encantarão o mundo
E farão muitas almas se alegrarem.

A Prática do Amor

Amados discípulos,
Gostaria de lhes dizer que
As pessoas bem-sucedidas
São como os canais de irrigação
Que percorrem um campo:
Eles são retos, fluem desimpedidos
E fornecem água pura em abundância
Para todas as áreas do campo.

Compreendam que assim é o caminho
De uma pessoa bem-sucedida.
No simples fato de acumular a água
Não há nenhuma virtude, nem bem nem sucesso.
Mas, ao liberar essa água pelos canais,
E deixá-la fluir abundantemente pelas plantações,
Ela se tornará virtuosa,
Será um bem,
Será um sucesso.

Meus amados,
Quando pensarem no Caminho do Meio,
Tenham em mente uma imagem desse canal.
Se esse canal percorrer
Apenas as margens dos campos,
Não terá como irrigar toda a terra.
No entanto, se esse canal fluir
Pelo meio dos campos,
Será capaz de levar muito amor aos outros.
Um canal deve sempre estar no meio e correr por ele,
Tendo como objetivo
Desenvolver os campos à sua volta.
Pode-se dizer que a água é como o sangue,
Enquanto os canais são como as artérias
Que o transportam.
Assim, o coração que bombeia o sangue pelas artérias
É como o seu coração enviando amor.

Palavras de Sabedoria

Nunca se esqueçam disso.
O ideal da vida de vocês
É que se tornem como esses canais.
Vocês devem ser como uma enorme bomba d'água
Que faz a água fluir pelos canais.
Quando os campos precisarem de água,
Vocês precisam ser como uma bomba
Que extrai continuamente a água do fundo da terra,
Fornecendo-a para os canais sem cessar.
A luz de Buda é como essa água
Que brota ilimitadamente da terra.
É a misericórdia de Buda.
Vocês precisam aprender
A receber o amor de Buda
Com todo o seu ser.
Ao desejar satisfazer as necessidades alheias
De forma incondicional,
Tentando acalentar o coração das pessoas,
O poder, o amor, a coragem e a luz de Buda
Começam a brotar no seu interior,
Assim como os lençóis de água que brotam da terra.
Creiam que é dessa forma que acontece.
Por isso, repetirei muitas vezes
Que esse é o ideal da vida.
Sim, é isso o que realmente se deve almejar.

O Caminho do Aprendizado

Há uma outra coisa que gostaria de lhes dizer.
Vamos olhar essa analogia do canal
De forma mais ampla e desenvolvida.
O fluxo de água fica contido
Dentro das margens do canal
E sua largura pode variar
De trinta ou cinquenta centímetros até um metro.
Para que seja possível transportar a água,
Todo canal precisa ser construído dentro de paredes
Que possuem certa largura, comprimento
E profundidade.
À primeira vista, pode parecer que o canal
Esteja impedindo o amor de fluir para os outros.
Há pessoas que podem criticar o fato
De o canal ter paredes.
No entanto, pensem bem nisto:
O que aconteceria se o canal não fosse reto como é?
Como seria se a água simplesmente jorrasse da bomba?
Em sua volta o campo ficaria encharcado,
Causando uma pequena inundação.
Nesse caso, vocês acham que os brotos de arroz
Conseguiriam crescer nesse terreno alagado?
Certamente não.
Aquelas pequenas mudas de arroz
Iriam se afogar nos charcos de água e apodrecer.

Analisando por esse prisma,
Essa parábola do canal nos ensina que,
Para dar amor incondicional a muitas pessoas,
É preciso construir os alicerces da vida.
Talvez vocês tenham dúvidas
À medida que vão cavando seu canal.
Talvez sejam censurados pelos outros
Enquanto realizam esse trabalho.
Com certeza alguns os criticarão dizendo:
"Se você tem terra suficiente para construir um canal
Com cinquenta centímetros a um metro de largura,
Então, deveria plantar arroz e trigo nessa área.
E com isso sua colheita seria ainda maior".
No entanto,
Vocês devem continuar a cavar seu canal em silêncio.
As pessoas talvez zombem de vocês
Enquanto os veem cavar, socar a terra
E prepará-la para receber a água corrente.
Com certeza haverá quem comente:
"Que tolice. Mesmo que construa esse canal,
Não vai conseguir obter um único grão de arroz
Ou de trigo dessa terra. Está perdendo seu tempo.
Está se orgulhando de uma obra inútil".
Mas vocês não devem hesitar nem esquecer seus ideais.
Não importa o quanto tenham de trabalho pela frente,
Algum dia vocês conseguirão concretizá-lo.
Não se prendam a resultados imediatos.

Não esperem obter lucros imediatos.
Quando tiverem ideais grandiosos, não se intimidem
Com as críticas e calúnias das outras pessoas.
É preciso continuar construindo seu canal,
Sempre reto.
Continuem construindo, mesmo que alguém diga
Que isso é um desperdício de terra.
Continuem construindo, mesmo que alguém diga
Que aquela terra nunca vai dar
Um grãozinho de trigo sequer.
Continuem construindo, mesmo que alguém diga
Que isso é trabalho perdido.
Se o ideal da sua vida é se tornar
Uma grande fonte de amor,
Nunca desistam de construir seu canal.
Se vocês pensarem dessa maneira,
Pode ser que não pareça fácil
Trilhar o Caminho do Meio.
Mas, quando o canal estiver concluído,
funcionando e bem-sucedido, os outros irão vê-lo
E finalmente compreenderão.
Mas, até lá, talvez vocês sejam incomodados
Por críticas e dúvidas.
Muitos daqueles que não forem capazes
De compreender seus ideais
Poderão questionar por que vocês estão construindo
Uma coisa dessas.

Amados discípulos, vocês compreendem
O que estou tentando lhes ensinar
Por meio desta parábola?

Meus eternos discípulos,
O que eu quero lhes dizer é que
O caminho que conduz à perfeição do ser humano
Exige muito estudo e aprendizado.
Procurem instruir-se.
Adquirir cultura não é tarefa fácil,
Pois requer esforço persistente e contínuo.
Enquanto estiverem aprendendo,
Muitos irão criticá-los.
Com certeza dirão: "De nada adianta estudar isso.
Você não vai ganhar nada estudando isso".
No entanto, o caminho do aprendizado é grandioso.
Sua jornada por esse caminho irá propiciar
Sustento à sua alma.
Ao seguirem por esse caminho
Sua alma obterá grande crescimento.
Encarem isso como se estivessem
Construindo um canal
Que corre por uma ampla extensão de terra.
Por meio desse canal
Será possível irrigar as terras áridas à sua volta
E transformá-las em campos férteis.
Construir um canal de irrigação

Significa educar-se.
Para se tornar vitorioso na vida
E ser capaz de orientar muitas pessoas
É essencial acumular muito conhecimento
E experiência e elevar o seu nível cultural.
Não chamo de cultura a simples reunião
De vários conhecimentos aleatórios.
A verdade é que o conhecimento é a força
Capaz de elevar o nível cultural das pessoas.
Mas, para isso, o conhecimento deve vir
Acompanhado de amor.
O conhecimento só se torna cultura
Por meio de um catalisador como o amor.

O que importa é o propósito do conhecimento
Que você adquire.
Se o propósito de obter conhecimento
For apenas para se mostrar superior aos outros,
Então, jamais se transformará em aprendizado.
No entanto, se você adquire esse conhecimento
Com a intenção de
Beneficiar e nutrir muitas pessoas,
Então esse conhecimento
Irá se tornar parte de você,
Enriquecer seu caráter e fortalecê-lo,
Trazer à tona seu verdadeiro potencial.
Portanto, o caminho do aprendizado requer que você

Acrescente o catalisador do amor
Ao seu conhecimento
E o transforme em sabedoria.
Quando você conseguir
Tomar posse dessa sabedoria,
Estará verdadeiramente
No caminho do aprendizado.

Meus amados discípulos,
Não duvidem dos ensinamentos.
Vejam com atenção.
A partir de agora,
Um terreno muito extenso surgirá
Diante dos seus olhos.
Recomendo utilizar uma parte dele
Para cultivar a si mesmo.
Digo-lhes que
Reservem uma parte do tempo
Da vida que se descortina à sua frente
Para ampliar sua cultura.
Reservem uma parte do seu tempo,
Todos os dias, todos os meses e todos os anos,
Para estudar.
Esse esforço nunca será em vão.
Vocês devem usar esse tempo
Para construir o canal que se tornará a base
Para nutrir muitas pessoas.

Por isso, qual é o melhor caminho para o aprendizado?
O aprendizado que supera todos os aprendizados,
O verdadeiro aprendizado,
É aprender os eternos ensinamentos da Verdade Búdica.
Façam dos ensinamentos Búdicos
O centro de seu aprendizado.
Façam com que os ensinamentos de Buda
Tornem-se o centro
Da sua formação educacional e cultural.
Depois, utilizando esse conhecimento e aprendizado
Como base,
Reestudem os conhecimentos deste mundo.
Refaçam as pesquisas. Reexaminem as experiências
Que adquiriram no passado.
Se dentre essas experiências
Encontrarem algumas que brilhem como diamante,
Então, escolham-nas.
Se descobrirem algum vislumbre de sabedoria
Em meio aos seus aprendizados do passado,
Usem-no para si como se fossem suas jóias.
Se, nos estudos que estiverem fazendo
A partir de agora,
Encontrarem algo que tenha o perfume
E esteja em sintonia
Com os ensinamentos da Verdade de Buda,
Absorvam isso com fervor.
Estudem isso bem.

Assim, o caminho do aprendizado é deixar legados
Em nome da humanidade,
Tais como invenções, descobertas e criações
Que tenham como centro a Verdade Búdica.
Ao longo da história,
Os seres humanos fizeram incontáveis descobertas,
Contribuíram com inúmeras inovações,
Ideias e opiniões.
No entanto, tudo isso precisa passar
Pela peneira da Verdade de Buda.
Transformem o que passar pela peneira
Em alimento para sua vida.
Será muito bom acumular aprendizado
Dessa forma.

O Caminho do Aprimoramento

Amados discípulos,
Vocês compreendem o significado
Do que estou ensinando?
Meus amados, vocês não devem se lamentar.
Não se lamentem ao trilhar
O caminho do aprimoramento,
Ao percorrerem a estrada do esforço constante.
Acreditem, pois essa é a Estrada Dourada.
Busquem o alimento nutritivo

E fortaleçam seu corpo diariamente.
Absorvam o alimento espiritual
E disciplinem sua alma diariamente.
Todos os dias procurem engrandecer sua alma,
Pois nisso reside o verdadeiro sentido da vida.
Essa é a verdadeira razão da vida.

Meus amados,
A partir de agora,
Façam um esforço perseverante e incansável.
Gravem muitas lições em seu coração.
Ao gravar continuamente as lições em seu coração
Vocês irão trilhar o caminho do esforço.
Tal como consta nos ensinamentos
Dos Oito Corretos Caminhos,
Trata-se da Correta Dedicação.
As pessoas da atualidade não compreendem bem isso.
Por esse motivo, quero lhes dizer que
A Correta Dedicação
É o caminho que lapidará
Infinitamente sua personalidade.
É um caminho que levará você
Infinitamente até Buda.
Nunca desistam de trilhar esse caminho
Que leva até Buda.
Mesmo que suas forças se esgotem
No meio do percurso,

Nunca deverão pensar em voltar atrás.
Mesmo que se sintam num beco sem saída
Sem poder prosseguir, não olhem para trás.
Façam uma breve pausa para descansar
Onde estiverem.
Descansem até recuperar as forças.
Depois, retomem a jornada
Pelo caminho do aprimoramento.
Esta é uma grande missão
Que foi confiada a vocês.
Se não forem capazes de ajudar
A melhorar a humanidade,
É porque está faltando usar
O poder do Darma Búdico.
Para que os ensinamentos de Buda
Manifestem seu verdadeiro poder,
Aqueles que aprendem esses ensinamentos
Devem ter coragem,
Preencher-se de sabedoria
E trilhar o caminho do aprimoramento,
Cheios de esperança.
Vocês devem trilhar
Esse caminho do aprimoramento,
Que também é o caminho da iluminação.
É o caminho que vocês, em última análise,
Devem almejar seguir.

Capítulo 3

Não Sejam Ignorantes

Meus amados discípulos,
Ouçam com atenção minhas palavras.
Ouçam bem e guardem-nas no coração.
Hoje meu ensinamento refere-se aos ignorantes.
Vou ensiná-los a não se tornarem ignorantes.

O Que É a Ignorância?

Vejam, o mundo está repleto de pessoas ignorantes.
Vocês são capazes de perceber quem é ignorante
E quem não é?
Vocês podem tentar fazer a distinção entre os dois
Comparando o nível de inteligência entre as pessoas.
Com certeza, essa é uma das maneiras de diferenciar.
No entanto, gostaria de lhes dizer que, neste mundo,
Apesar de muitas pessoas não se julgarem ignorantes,
Na verdade o são.
Não se pode dizer que alguém é ignorante ou não
Tomando-se por base apenas a inteligência.
O que deve ser medido é o quanto uma pessoa
Tem consciência da alma e de suas necessidades.
Vamos dar uma olhada à nossa volta.
Certamente devem existir
Muitas pessoas ignorantes perto de nós.
Talvez até mesmo vocês estejam vivendo
Como ignorantes.
Ser um ignorante significa viver produzindo veneno
Dentro do próprio coração.
É levar uma vida na qual vocês continuam
Envenenando sua mente, mas não têm
A menor consciência de que estão fazendo isso.
Se vocês consumirem um alimento que contenha
Algum veneno, seu corpo irá se enfraquecer

E acabará em uma condição fatal.
No entanto, quando vocês alimentam
Sua alma de veneno, por que será que não percebem
Que estão de fato matando a própria alma?
Por que não conseguem perceber isso?

Amados discípulos, ouçam minhas palavras.
Embora talvez não percebam,
Vocês continuam a se envenenar diariamente.
É como se todos os dias continuassem tomando arsênico.
Mesmo que seja uma dose pequena de cada vez,
Se vocês tomarem veneno todos os dias, ele acabará
Se acumulando em grande quantidade dentro de vocês.
E acabará acarretando a morte da sua alma.
O que significa a morte da alma?
Significa que sua alma
Não mais possui a forma da natureza búdica original.
Significa que sua alma passou a viver de modo oposto
Ao propósito para o qual havia sido
Originalmente criada.

Não Sejam Gananciosos

Meus amados discípulos, ouçam com atenção.
Recomendo que,
Antes de mais nada, livrem-se da ganância.

Muitos de vocês têm uma mente gananciosa.
Sabe o que significa ser ganancioso?
É a mente que procura sempre pegar as coisas para si.
É a cobiça para ter sempre mais e mais.
Dentro de um coração ganancioso
Há o desejo forte de obter status social,
Reconhecimento profissional e fama.
Vocês precisam compreender que a alma
Cai num mar de lama profundo
Quando cobiça algo como um ser faminto insaciável.
Vocês percebem que a ganância
É um veneno para a mente?
Compreendem por que ela é um mal?
Acredito que vocês compreendem o que isso significa.

O Sentimento de Oferenda

Amados discípulos,
Ensinei a vocês, muitas e muitas vezes,
Que receber a vida e poder nascer neste mundo
É uma tarefa muito difícil.
Ter reencarnado na era presente
E ter encontrado os ensinamentos de Buda
É também muito difícil.
Agora, receber o direito de nascer neste mundo
Na mesma época em que Buda está encarnado

E transmitindo os ensinamentos
É algo mais difícil ainda.
Está muito clara qual é a missão na vida
Daqueles que nascem numa época como esta.
Vocês vieram para se doar a muitas pessoas.
"Doar" é um termo moderno
Que expressa o "Sentimento de Oferenda".
O que significa ter um "Coração que faz Oferendas"?
Significa ser atencioso com o próximo.
Significa querer bem aos outros.
Significa o desejo de servir às pessoas.
Se não houver esse sentimento,
Os ensinamentos de Buda perdem o sentido.
Os ensinamentos de Buda existem
Para que vocês saibam se doar para o bem do próximo,
Oferecer tudo o que puderem aos outros,
Dar todo o seu amor às pessoas.

Meus amados discípulos, em primeiro lugar,
Não se enganem neste fundamento.
Vocês precisam saber que não nasceram nesta terra
Para viver com ganância.
Olhem com atenção para dentro do seu coração.
Preciso lhes dizer que
Aqueles que possuem uma mente gananciosa
São na verdade pessoas ignorantes.
Não se apeguem ao seu status social.

Não Sejam Ignorantes

Não se apeguem à sua carreira profissional.
Não se apeguem a títulos e honrarias.
Não se apeguem ao orgulho.
Não abriguem o desejo
De serem bem-vistos pelos outros.
Porque todos esses desejos
São sentimentos da mente gananciosa.
O desejo de ser admirado e respeitado pelos outros e
O desejo de se tornar famoso e de ter poder
Têm origem num coração ganancioso.

Os Iluminados

Ouçam com atenção.
Os iluminados são sempre silenciosos.
Os iluminados andam serenamente.
Os iluminados caminham
Com um sorriso no rosto.
Os iluminados não se vangloriam de nada.
Os iluminados não ficam inchados de orgulho.
Os iluminados não ficam se exibindo.
Os iluminados não julgam o próximo.
Os iluminados não tentam machucar as pessoas.
Os iluminados são gentis
E estão sempre prontos a oferecer uma palavra justa.
São serenos, elegantes e refinados.

O veneno da ganância é um mal
Porque prejudica a gentileza e a serenidade.
A ternura é sublime por si. Expressar ternura na face,
Nas palavras e na postura é algo realmente nobre.
Na verdade, essa é a própria imagem de Buda.

Meus amados discípulos, a partir de agora
Examinem seu coração com muito cuidado
Para verificar se nele existe a ganância.
Se descobrirem em seu interior o veneno da ganância,
Peguem-no imediatamente e livrem-se dele.
Não permitam que ele entre novamente.
Fechem a porta
E nunca mais deixem a ganância entrar em sua mente.

Conheçam a Si Mesmos

Ainda há muitos ignorantes no mundo.
Uma pessoa ignorante é aquela
Que não conhece a si mesma.
Ela não conhece seu verdadeiro eu,
Mas age como alguém que já sabe de tudo.
No entanto, de novo, digo a vocês
Que mesmo que leiam dezenas de milhares de livros,
Mesmo que viajem pelo mundo inteiro,
Não serão capazes de discernir

∽ Não Sejam Ignorantes ∽

A verdadeira natureza do seu ser,
E portanto não poderão ser considerados
Sábios de verdade.
Não importa quanto conhecimento vocês acumulem,
Que se tornem dicionários ambulantes,
Quantos lugares tenham conhecido em suas viagens,
Pois mesmo que tenham percorrido o mundo inteiro,
Se não conhecerem o próprio coração,
Se não conhecerem a verdadeira natureza do seu ser,
Não poderão ser considerados sábios de verdade.

Por outro lado, aqueles que,
Mesmo sem muitos conhecimentos e experiência,
Conhecerem bem a própria mente,
Souberem controlar bem o próprio coração
E tiverem alcançado a iluminação
Pelo autoconhecimento,
Esses, sim, poderão ser considerados pessoas sábias.

Meus amados, não invertam a ordem das coisas.
O importante primeiro é aprender
A governar a si mesmos.
Se vocês não se conhecerem
E não conseguirem controlar sua mente,
Não importa quanto dinheiro invistam,
Não importa quanto tempo dediquem,
Não importa quanta ajuda possam receber dos outros,
Não importa quantas realizações possam cumprir,

Nunca poderão ser considerados sábios.
Conheçam bem a si mesmos.
Em meio a esse seu autoconhecimento,
Devem estar cientes da verdade
De que vocês são filhos de Buda.
Não importa o quanto uma pessoa seja respeitada
Pelo trabalho que realizou neste mundo,
Se não tiver consciência de que seu corpo e sua alma
Foram-lhe concedidos por Buda,
E levar sua vida sem perceber
Que a natureza búdica reside em seu interior,
Jamais poderá ser considerada uma pessoa sábia.

Prestem bem atenção no que estou lhes dizendo!
Antes de tudo, tornem-se pessoas
Que conhecem bem a si mesmas.
Façam disso sua primeira meta.
Aqueles que não se conhecem bem,
Mesmo que tenham adquirido
Muita experiência neste mundo,
Ainda que se relacionem com centenas de pessoas,
Não poderão ser considerados sábios.
Sem o autoconhecimento,
Não importa quanto conhecimento possa acumular,
Não será nada mais do que apenas um ignorante.

Não Sejam Ignorantes

O Maior dos Ignorantes

Meus amados discípulos,
Há ainda um outro tipo de ignorante.
Há pessoas que se alegram
Em criar confusão e causar perturbação ao próximo.
São ignorantes aqueles
Que lançam veneno no coração das pessoas,
Fazendo-as se sentirem inquietas,
Conduzindo-as para o abismo da tentação,
Inventando mentiras e espalhando boatos.
Dentre esses há também aqueles que
Desviam as pessoas que estão se esforçando
No caminho da verdade.
Não passam de ignorantes.
Até mesmo entre os que estudam meus ensinamentos
Podem surgir pessoas ignorantes assim.
Isso pode ocorrer quando
Se frustram por não conseguirem elevar
Seu grau de iluminação e por não conseguirem
O reconhecimento que gostariam.
Passam, então, a buscar aliados,
Tentando aumentar o grupo de instatisfeitos,
Que como elas ficam reclamando e resmungando,
Com o objetivo de perturbar o coração
Daqueles que estão trilhando
O caminho da Verdade Búdica.

Meus amados, aprendam.
Saibam que esse tipo de mente,
Que pensa e age desse jeito,
Está em sintonia com as mentes do Inferno.
Há muitas almas perdidas no Inferno.
Essas almas perdidas não tentam mais se salvar.
Em vez disso, procuram aumentar
O número de pessoas perdidas como elas,
Atraindo e criando novos companheiros.
Elas tentam aliviar seus sofrimentos
Compartilhando-os com o próximo,
Fazendo os outros experimentarem
Seus sofrimentos e desilusões,
Arrastando-os para o poço
Dos desejos materiais e carnais.
No entanto, preciso dizer que,
Se essas pessoas continuarem
Levando adiante essas ações,
Nunca terão verdadeira paz de espírito.
Não se tornem como elas.
Não usem os outros para aliviar seus sofrimentos.
Não tentem transformá-los em seus companheiros.
Parem de ficar se queixando
E resmungando para os outros.
Seus sofrimentos já bastam em vocês.
Precisam aprender a resolver seus problemas sozinhos.
Evitem justificar ou racionalizar

Não Sejam Ignorantes

Suas ações e pensamentos errados
Formando uma facção com outras pessoas.
Jamais façam isso.
Se vocês estiverem de verdade aprendendo as Leis,
Não devem distorcê-las ou mudá-las
Para justificar as suas ações e pensamentos,
Nem transmiti-las de forma errada.
Não tentem seduzir as pessoas para que sigam vocês.
Saibam que todas essas ações
Entram em sintonia com o Inferno.

Portanto, digo a vocês
Que o mais tolo de todos os ignorantes
É aquele que procura enganar
Quem se dedica ao caminho da Verdade Búdica.
Esse tipo de pessoa não percebe que é tola.
Não acha que é insensata; imagina, ao contrário,
Que está fazendo as coisas direito,
Pensa que é uma pessoa inteligente.
Distorce e altera os ensinamentos de Buda
De acordo com seu limitado conhecimento,
E conforme suas próprias conveniências.
No entanto, aqueles que são inteligentes
Precisam saber que, por pensarem assim,
Estão incorrendo em grave pecado.
O que existe por trás de tudo isso é a ganância.
No fundo, aqueles que pensam assim têm o desejo

De ter a mesma autoridade e importância
Daqueles que estão pregando a Lei.

No entanto,
Meus amados,
Vocês precisam saber que cada pessoa
Tem capacidades diferentes.
Para que uma pessoa possa orientar outra,
Existe determinada ordem.
A pessoa que,
Por meio do eterno processo de reencarnação,
Aprimorou sua alma e realizou grandes feitos,
Deve ser aquela que segue na frente
E orienta quem vem atrás.
Na verdade, os indivíduos
Cuja alma ainda está fraca e frágil,
Pois não se aprimorou o suficiente,
Devem continuar seguindo orientações.
Compreendam que em todas as eras
Sempre haverá diferenças nas posições.
Para aprender bem
É preciso ter discernimento.
Para ter um bom conhecimento,
É preciso se tornar mais humilde.
Para obter um bom grau de iluminação,
É necessário ter um bom controle sobre si mesmo.
Ter consciência disso é de extrema importância.

O Valor da Bondade

Tenho algo mais a dizer a vocês
Sobre a maneira de não se tornar um ignorante.
As pessoas insensatas não têm bondade no coração.
Elas levam a vida
Sem ter consciência do quanto é importante ser bom.
Ser bom é fazer com que muitas pessoas
Sintam felicidade em viver.
Quando uma pessoa não tem bondade,
Acha natural viver virando as costas para os outros,
Tentando controlá-los, amedrontá-los e subjugá-los.
Não há dúvida de que essas pessoas
Não têm consciência do grave erro
Que estão cometendo na vida.
O valor da bondade é a maior evidência
De que o ser humano é filho de Buda.
Às vezes, eu expresso essa bondade
Com a palavra "compaixão".
Há muitos indivíduos que vivem neste mundo,
Do mesmo jeito que vocês,
Mas que estão sofrendo imensamente.
Há muitas pessoas que sofrem
Devido a limitações do seu corpo físico.
A vida delas está mergulhada em sofrimento
Pelo fato de viverem em um mundo
No qual enfrentam impedimentos demais

Para que possam se iluminar,
E no qual contam com pouquíssimas
Chances de se iluminar.
Os animais e as plantas também sofrem.
Neste mundo da terceira dimensão,
Neste mundo fenomênico,
Muitos dos seres que nos acompanham nesta vida
Sofrem e têm uma vida cheia de dores e sofrimentos.
Lágrimas não correm pelos seus olhos
Ao ver a vida desses seus irmãos?
Se não surgirem lágrimas em seus olhos,
Então não há bondade em seu coração.
Enxergar o sofrimento e a tristeza do próximo
E derramar lágrimas por ele
É o que chamamos de "Grande Compaixão".
Essas também são as lágrimas
Do amor misericordioso de Buda.
A verdadeira bondade está ligada
À verdadeira compaixão.
Por que será que,
Ao olhar para as tristezas desse mundo
E ver pessoas com espinhos cravados no corpo,
Vocês não sentem vontade de retirá-los?
Quando veem o próximo
Com setas envenenadas cravadas em seu coração,
Por que não tentam removê-las?
Meus amados,

Não Sejam Ignorantes

Quando um ser humano
Não consegue sentir pena dos outros,
Torna-se alguém autocentrado,
Que pensa somente em si mesmo,
Preocupa-se apenas com a própria felicidade.
Olhem para o mundo.
Olhem para as pessoas.
Olhem para os animais.
Olhem para as plantas.
Percebam a tristeza que existe neles.
Essa tristeza irá lhes ensinar
O que vocês precisam fazer neste exato momento.

A Tolice da Autopreservação

Aqueles que não conhecem a tristeza dos outros,
É por que só pensam em si mesmos.
Pensam apenas na própria tristeza.
No entanto, por mais que se pense na própria tristeza,
Isso não irá ajudar este mundo
A melhorar nem um pouco.
Para criar um mundo melhor vocês precisam remover
Os espinhos cravados no coração do próximo.
Removam as setas venenosas
Fincadas no coração das pessoas.
Este é o sentimento que vocês devem ter.

Jamais tenham uma mente que pense em ferir
Ou prejudicar os outros.
Não sejam pessoas desse tipo.
Ter uma mente que procura se autoproteger,
Pensando somente no que é bom para si,
É uma outra característica dos ignorantes.
Esses indivíduos estão se esforçando e
Trabalhando diligentemente
Para crescer e desenvolver somente a si mesmos,
Mas a direção dos seus esforços
Irá afastá-los cada vez mais do Coração de Buda.
Será que não percebem que,
Ao procurar beneficiar apenas a si mesmos,
Também acabarão ferindo a si mesmos?
Será que não compreendem que a vida
Não lhes foi dada nesta encarnação
Apenas para pensar em si mesmos?
O fato de terem recebido uma vida neste mundo
Significa que não devem gastá-la somente consigo.
Vocês precisam compreender que estão sendo
Abençoados por uma incomparável misericórdia
Por lhe terem concedido uma vida nesta era.
Por isso, com o coração preenchido de gratidão,
Devem buscar saciar a sede
Do coração de muitas pessoas.
Portanto, não pensem somente em vocês.
Não pensem demais na própria felicidade.

O Coração que desejar beneficiar a si mesmo
Nunca deverá causar danos aos outros.
Já lhes ensinei isso no passado.
A mente que deseja beneficiar a si mesma
Não deve buscar somente seu próprio benefício.
O autobenefício somente será permitido
Se também proporcionar o bem ao próximo.
Por isso, tenham um bom autocontrole,
Corrijam seu coração e façam o polimento de sua alma
E, então, entrem em um mundo maravilhoso.
Não poderão dizer que vocês se aprimoraram
A menos que seu aprimoramento tenha ajudado
Muitas pessoas a melhorar,
E tenham feito deste mundo um lugar melhor.
Vocês devem dar o melhor de si
Para que este mundo criado por Buda
Se torne ainda mais maravilhoso.
Assim, não interpretem erroneamente o significado
De beneficiar a si mesmo.

Não Se Apeguem ao Corpo

Há outra coisa que gostaria de lhes dizer.
Muitas pessoas não percebem
Que estão sendo ignorantes.
Prendem-se demais às aparências do corpo.

Criam preocupações por causa do corpo.
Ficam preocupadas se são altas ou baixas,
Se estão engordando ou emagrecendo,
Se são atraentes ou não.
Fazem disso seus problemas diários,
Criando muitos sofrimentos.
Acredito que são essas coisas com as quais
As pessoas ignorantes ocupam a mente.
O corpo não é mais do que um veículo para a alma.
Não é suficiente que seu corpo cumpra o propósito
De ser um veículo
No aprimoramento de sua alma nesta vida?
Não desejem nada além disso. Será que não basta
Que seu corpo sirva perfeitamente
Para o propósito de treinar sua alma aqui na Terra?
Vocês não devem pedir nada além disso.
Não fiquem angustiados com nada além disso.
É importante prometer em seu coração
Que não ficarão preocupados demais
Com o corpo físico.
Há outras coisas mais importantes
Com as quais vocês devem se preocupar.
A mente.
É com a mente que vocês devem se preocupar.
Preocupem-se com o mal dentro da mente
Que faz os erros aumentarem cada vez mais.
Reflitam se seu coração é belo ou não.

∽ Não Sejam Ignorantes ∽

Se sua mente não for pura e bela,
Isso naturalmente se manifestará.
Se uma pessoa não tiver uma mente bela,
Seus olhos também não serão belos.
Os olhos de uma pessoa cuja mente
Está em desordem ou estagnada parecerão turvos.
Tais olhos estarão preenchidos por uma luz maligna.
Os olhos deixarão transparecer
Os pensamentos negativos ocultos.
O nariz de uma pessoa cuja mente é arrogante
Parecerá ser mais empinado do que é na realidade;
Dará a impressão de estar sempre apontado para cima.
A boca de uma pessoa cujo coração não é correto
Parecerá estar torta.
Os lábios de uma pessoa
Que vive falando coisas amargas
E criticando os outros parecerão franzidos e tortos.
O conteúdo desagradável da mente
Ficará visível na forma da boca.
Se uma pessoa não possui uma mente serena,
Isso também se manifestará na sua atitude.
Aqueles que constantemente julgam
E condenam os outros
Possuem uma postura corporal
Que corresponde a esses traços.
Porém, as pessoas que possuem um coração sereno
Fazem com que nem se perceba o tempo passar.

Em qualquer que seja o lugar,
Nos fazem esquecer onde estamos.
Mesmo estando no meio da multidão,
Nos fazem esquecer as outras pessoas.
Isso porque tais pessoas são sempre suaves e serenas.
O corpo daqueles que são agradáveis e serenos
Nunca causa desconforto àqueles que estão à sua volta.

Meus amados,
Antes de tentarem controlar o corpo,
Procurem controlar a mente.
Antes de desejarem tornar o corpo mais bonito,
Procurem transformar sua mente em algo maravilhoso.
Sejam suaves todos os dias.
Evitem ficar com raiva.
Não falem mal dos outros nem critiquem.
Não reclamem.
Gravem essas recomendações em sua mente.

Não Sintam Raiva

Amados discípulos,
Tenho ensinado a vocês
A respeito dos vários venenos da mente.
Vocês não devem ficar com raiva.
Não importa o que aconteça,

Não Sejam Ignorantes

Não importa o quanto possam ofendê-los,
Vocês não devem ficar com raiva.
Os ensinamentos mostram que isso é vital
Para aqueles que estão no caminho
Do aprimoramento espiritual.
Certamente, vocês receberão muitas críticas
E serão humilhados por outras pessoas
Ao longo do caminho do aprimoramento.
No entanto,
Como discípulos de Buda,
Devem superar essas humilhações.
Não devem responder à raiva com mais raiva.
Respondam com palavras serenas e gentis.
Contra as duras críticas, respondam com o silêncio.
Não se esqueçam de sorrir.
Não se esqueçam de cultivar
Uma mente paciente e tolerante;
Não se esqueçam de manter uma mente perseverante.
Porque uma mente perseverante
E a disciplina da paciência
Irão permitir que vocês acumulem virtudes.
Saibam que é impossível acumular virtudes
Se a pessoa não tem uma mente tolerante.
Saibam que quem reage à raiva com mais raiva
Nunca se torna uma pessoa virtuosa.
Vocês não devem nunca, em hipótese alguma,
Ceder à raiva.

Não Sintam Inveja

Não sintam ciúme ou inveja dos outros.
É importante que tenham consciência disso.
Nunca tenham inveja ou ciúme de ninguém.
Esse também é um ensinamento muito importante
Para aqueles que estão buscando
O aprimoramento espiritual.
Ao praticar suas disciplinas espirituais,
Vocês poderão inconscientemente
Sentir ciúme ou inveja
Quando notarem que os outros
Estão recebendo elogios,
Quando souberem que os outros alcançaram
Estágios mentais mais avançados do que o de vocês.
Mas não devem ser derrotados por esses sentimentos.
Precisam compreender que
Abrigar sentimentos de inveja e ciúme
É a maneira de viver dos ignorantes.
Evitem ter tais sentimentos.
Ao encontrar pessoas que estão
Em níveis mais elevados,
Procurem amá-las, respeitá-las e honrá-las.
Porque é respeitando as pessoas que estão à sua frente
Que vocês começarão a se tornar como elas.
Ao respeitar pessoas que estão em um nível superior,
Vocês estarão dando o primeiro passo

Não Sejam Ignorantes

Em direção ao progresso.
Para quem está no caminho espiritual,
Não há veneno mais terrível do que a inveja.
A inveja é capaz de destruir
Décadas de disciplina espiritual
Num instante, num piscar de olhos.
A inveja tem o poder de extinguir todas as virtudes
Acumuladas no passado, num instante.

A inveja faz mal
Porque não traz felicidade a ninguém,
Nem para a pessoa que é invejada
Nem para a invejosa.
A inveja perturba a harmonia
E a serenidade do coração.
Agora que vocês compreendem bem esse mal,
Procurem nunca ter inveja.
Respeitem e amem as pessoas
Que se encontram em grau superior ao seu.
Amem aqueles que são competentes,
Possuem experiência e sabedoria.
Isso é algo muito importante.

Se em sua mente vocês não conseguirem amar
Os que são talentosos, experientes e sábios,
Vocês não serão capazes de honrar os Três Tesouros.
Não serão capazes de amar o Mestre,

Seus ensinamentos e o Sanga,
Os membros e monges da ordem criada por Ele.
E, se isso ocorrer, será muito difícil
A ascenção da sua alma nesta encarnação.

Não Reclamem

Acabei de lhes ensinar que não devem sentir raiva
Nem inveja.
O próximo mal do qual vocês devem
Aprender a se livrar
São as reclamações da mente.
As queixas surgem quando
As pessoas não conseguem satisfazer seus desejos.
E se espalham no ambiente
Em forma de mágoas e reclamações,
Afetando todos que estão à sua volta.
Para aquele que é praticante
Do aprimoramento espiritual,
Combater e superar a "mente que reclama"
É um dos difíceis temas do caminho do asceta.
O que leva a pessoa a reclamar?
A queixa se origina da falta de capacidade
e da falta de autoconfiança.
Além disso, as reclamações podem surgir
Quando a pessoa está muito cansada.

Essa é uma tendência constante do ser humano.
No entanto,
Quando vocês sentirem vontade de se queixar
Pelo fato de estarem cansados,
Façam um esforço para acalmar o coração
E ficar em silêncio.
Quando as reclamações estiverem
Para sair de sua boca,
Procurem ficar em silêncio e respirar fundo.
Depois, tentem se livrar desses pensamentos
O mais rápido possível.
A queixa também é um veneno.
A queixa prejudica e contamina o ambiente
Da mesma forma que o lixo.
Aqueles que se queixam verão que em pouco tempo
Estarão rodeados por montanhas de lixo.
E quem vai limpar esse lixo?
Quem vai levar embora
O lixo que vocês acabaram de despejar?
Não se queixem.
Se não houver ninguém para limpar o lixo,
Quem se queixou
Deve dar um destino ao próprio lixo.
Precisa limpar a sujeira que fez.
Se não for capaz de fazer isso,
Não terá outra opção
A não ser viver no meio de montes de lixo.

Essa é a parte assustadora das reclamações.
Quando sentirem vontade de reclamar,
Primeiro vocês precisarão encorajar sua mente
E incentivá-la:
"Sou uma pessoa melhor que isso.
Sou um ser criado da Luz de Buda.
A vida de Buda está viva dentro de mim.
Vou brilhar cada vez mais com uma luz mais intensa".
Assim, esses sentimentos de queixa se afastarão.

Dediquem-se em Silêncio

Algumas pessoas se queixam
Porque não conseguem obter ou
Realizar o que desejam.
Outras podem guardar ressentimentos
Em relação àquilo
Que sabem que não conseguem obter ou realizar,
Por mais que se esforcem nesse sentido.
Contudo, reclamar disso não irá resolver o problema.
Reclamar vai ajudá-los a melhorar em alguma coisa?
Queixar-se é como mover as ondas do mar
No momento de atracar um barco.
Ao remar, as ondas criadas com seus remos
Irão bater nas paredes do cais e empurrá-lo de volta
Em direção ao mar aberto.

～ Não Sejam Ignorantes ～

Quando reclamamos da meta que precisamos atingir,
Na verdade estamos nos afastando mais delas.
Isso somente vai nos empurrar
Para longe do nosso futuro;
Portanto, em vez disso, livrem-se do hábito de reclamar
E, em silêncio,
Procurem acumular forças em seu interior.
Continuem com o coração sereno,
Esforçando-se para o futuro.
Nunca ninguém alcançou o sucesso sem esforço.
Por mais que se queira obter sucesso facilmente,
Sem fazer esforço,
Isso jamais trará benefícios
Para o desenvolvimento da alma.
Esse tipo de sucesso
É como construir um castelo de areia,
Que certamente desmoronará algum dia.

Meus amados, não poupem esforços.
Não achem que vão conseguir atingir as metas
Sem fazer esforços diligentes.
Não pensem em obter sucesso
Sem esforço e perseverança.
Caso alcancem o sucesso sem ter se esforçado,
Sintam vergonha dessa fama e honraria.
Não se esqueçam de que a Glória de Ouro
Não são os resultados,

Mas o processo do trabalho
E do esforço dedicado.
Ensinei a vocês
Que as pessoas que se deixam levar
Pela raiva, pela inveja e por reclamações
São pessoas ignorantes.
Esta é uma Verdade que atravessa todas as eras.
Olhem bem no fundo do seu coração
E reflitam sempre para saber
Se não guardam raiva, inveja ou queixas.
Se perceberem que estão dominados
Por algum desses estados mentais,
Podem se considerar incluídos no rol dos ignorantes.
Parem de ser insensatos
E tornem-se sábios,
Pois este é o caminho
Daquele que deseja
Se aprimorar espiritualmente.

Capítulo 4

A Política e a Economia

*Meus amados discípulos,
Ouçam com atenção minhas palavras.
No passado, ensinei a vocês várias coisas
A respeito da mente.
Tenho compartilhado com vocês
Muitos ensinamentos sobre o coração.
Mostrei a vocês
Que os ensinamentos sobre a mente
São sempre verdadeiros
E transcendem eras, regiões e etnias.*

∞ A Política e a Economia ∞

No Meio Político e Econômico

Há lições que vocês precisam aprender,
Amados discípulos,
Para esta época e este lugar em que vivem agora,
As quais ainda não aprenderam.
Existem coisas que não foram aprendidas
Nos aprimoramentos de suas vidas passadas.
Talvez vocês estejam sentindo dificuldade
Para interpretar e entender
A política e a economia dos tempos atuais.
No passado,
Não transmiti ensinamentos explicando
Sobre o Caminho da Política
E o Caminho da Economia.
No passado,
Ensinei a busca da serenidade do coração
Longe do mundo da política e da economia.
Nesta minha nova vinda, nesta era, repito a vocês
Que buscar a paz interior do coração,
Aprimorar o controle da mente
E trilhar o caminho em busca da iluminação
São, e sempre serão, as máximas virtudes.

Amados discípulos,
Ah, o quanto vocês devem estar confusos
E perdidos em meio à política

E à economia dos tempos atuais.
Não consigo conter as lágrimas
Ao vê-los nesta situação.
No entanto, amados discípulos,
Vocês não devem ficar confusos.
Tudo o que ocorre neste mundo
É um desdobramento
Do verdadeiro coração de Buda.
Portanto, não tentem se afastar da política.
Não tentem ignorar a economia.
Seu treinamento espiritual nesta encarnação
Consiste em mostrar às pessoas
De que modo elas podem viver
Em meio à política
E à economia deste mundo atual,
Mantendo uma mente pura, correta e pacífica.
Mostrem como as pessoas devem viver
Em conformidade com o Coração de Buda.
Sim, os tempos mudaram.
No entanto, as Leis Eternas não mudarão.
E para transmitir as Leis Eternas às pessoas,
Vocês não podem negar
Todas as coisas deste mundo.
Procurem trazer à tona todo o bem
Que ainda está oculto neste mundo,
E façam um esforço para eliminar todo o mal
Que está surgindo nele.

Vocês precisam encontrar o verdadeiro caminho
De um verdadeiro praticante
Do aprimoramento espiritual.

O Pilar da Sustentação Espiritual

Meus amados, ouçam bem.
Chegou o momento em que o Japão,
O país de onde estou transmitindo as Leis,
Precisa assumir a liderança mundial.
No entanto, esse país ainda não possui
Uma base para sustenção espiritual.
E isso é lamentável.
Uma família somente prospera
Quando o chefe da família
Trabalha de modo diligente,
Matendo um coração correto.
O mesmo princípio se aplica a uma nação.
O líder político de uma nação
Deve manter sua mente pura e correta,
Abrindo mão de seus desejos e apegos pessoais,
E pensar apenas na felicidade do povo.
Somente assim a nação pode ser governada em paz,
Sem intervenções.
Contudo, nesta nação atual
Não há Leis Divinas

Às quais o povo possa se devotar.
A nação não possui Leis ou ensinamentos
Nos quais possa se basear e se orientar.
Considero essa situação lamentável.
Será que acham que uma nação
É algo eterno e indestrutível?
As nações mudam
Conforme a época, a região e as pessoas.
No entanto, mesmo que o nome do país
Ou suas fronteiras continuem mudando,
As Leis Eternas sempre existirão por trás dele.
As Leis Eternas sempre se farão presentes.
As Leis Eternas sempre continuarão a emanar de Buda,
A fim de manifestar fielmente
Sua vontade sobre a Terra.

O Poder de Mudar o Mundo

Meus caríssimos,
A partir de agora, vocês não devem se limitar
Somente a praticar a disciplina espiritual.
Vocês não devem viver somente com o propósito
De aprimorar a si mesmos.
Vocês precisam se tornar um exemplo
Na prática e na devoção à disciplina espiritual,

A Política e a Economia

Capaz de despertar um grande número de pessoas.
Sua disciplina espiritual, a espiritualidade das pessoas
Que praticam em seu grupo,
Precisam ter o poder de mudar o mundo.
Para mudar esta sociedade
Que foi estabelecida pelos desejos,
Precisamos de algo
Que não seja feito de desejos.
O que irá mudar uma sociedade
Conturbada pelos desejos
Será o comportamento
Daqueles que se afastaram dos apegos.

O verdadeiro e único apego
Deveria ser o desejo
De seguir pelo caminho
Que conduz a Buda.
Esse deveria ser o grandioso apego
Que muitas pessoas
Deveriam alimentar no coração.
Enfim, o falso apego da mente
É as pessoas quererem
Ficar eternamente neste mundo.
É desejar ter a glória somente deste mundo,
Ter o desejo de levar uma vida fácil neste mundo.
Abandonem o apego por este mundo
E abracem o grande e verdadeiro apego

De seguir em direção a Buda.
Talvez a palavra "apego" seja um tanto negativa
Para expressar esse ideal.
É melhor substituí-la por "afeição".
Ou talvez seja melhor dizer "forte atração".
Poderia ser chamada de
"Forte ligação entre você e Buda".
Também poderia ser o "Poder Infinito
Que o eleva em direção a Buda".
Portanto, a partir de agora,
Mudem o jeito de ser deste mundo.
Mudem a imagem deste mundo.
Mudem o esquema deste mundo.
Mudem-no por meio do poder único,
Mudem-no por meio do poder
Que os tornam unos com o Grandioso Buda.
Mudem-no com sua mente pacífica,
Uma mente livre de apegos mundanos.

Há quem queira mudar o mundo
Por meio de revoluções.
Há também quem queira mudar o mundo
Por meio de violência.
E há os que querem mudar o mundo
Por meio de derramamento de sangue.
No entanto, não adoto nenhuma dessas posições.
Para mudar o mundo,

A Política e a Economia

É necessário possuir uma mente pacífica,
Um coração harmonioso.
Se uma nação é criada por meio da violência,
Ela também será um dia
Derrubada pela violência.
Uma nação que é mantida
À custa do derramento de sangue
Atrairá mais sangue no futuro.
Não é admissível que se faça isso.
Quando se deseja mudar o mundo,
É importante manter uma mente pacífica,
O tempo todo.
Valorizem a paz no coração.
Precisamos mudar o mundo
Tendo como base a harmonia,
Promovendo-a em todos os lugares.
Procurem evitar os extremos,
Aceitando que é preciso
Levar prosperidade a todos
De forma harmoniosa.

A Verdade sobre a Política

O que mais me entristece
Na política atual desta nação,
E também do mundo,

É a luta constante para se obter o poder
E a defesa somente dos próprios interesses.
Alguns podem chamar isso de "democracia",
Mas não acredito que essa maneira de fazer política
Esteja em sintonia com a vontade de Buda.
Para haver de fato sintonia com a vontade de Buda,
Todos os partidos políticos deveriam buscar,
Conjunta e sinceramente,
Ideias e propostas que levassem luz e felicidade
A todas as pessoas deste mundo.
Saibam que a democracia governada pelo desejo
Não é a verdadeira e correta forma de política.
Não confundam liberdade
Com a realização de interesses gananciosos.
A liberdade necessária
Não é a da realização dos desejos.
Não é isso que constitui a verdadeira democracia.
A democracia não deve ser guiada pela ganância,
Nem ser governada por paixões mundanas.
As pessoas não devem escolher um candidato político
Tendo em vista os benefícios para si,
Ou visando satisfazer seus desejos pessoais.
A política torna-se maravilhosa
Quando empregada para criar uma sociedade
Que satisfaça a todos.
Para isso, as pessoas precisam livrar da mente
As rivalidades e os conflitos,

A Política e a Economia

Caso contrário, nunca será estabelecida
A verdadeira harmonia.
Os partidos políticos estão em constante conflito.
Vocês fazem ideia do quanto isso é lamentável
Aos olhos de Buda?
Até dentro de um mesmo partido
Há facções que competem entre si,
Para tentar obter a liderança.
Embora isso faça parte do princípio do progresso,
Por que não nos conformamos com a situação?
É porque as pessoas não gostam de ter líderes
Que fomentem conflitos e disputas.
Quando há discussões entre pessoas de baixo escalão,
Elas se parecem mais com brigas de crianças.

Por isso, reflitam.
Como é possível que o povo de uma nação
Consiga viver em harmonia e pacificamente
Vendo seus líderes e superiores
Lutarem uns contra os outros?
Se houver desarmonia e conflito entre os líderes,
Como poderão as pessoas da base se tranquilizar?
Como poderá o povo viver em harmonia?
Como poderão as pessoas
Manter a mente sob controle?
Tudo isso é uma grande contradição.
Os que estão na liderança

Devem prezar pela ordem e harmonia.
Devem ser vistos como pessoas
De respeito e dignidade.
Não é admissível que se comportem
De forma grosseira no Congresso,
O local onde a política da nação é debatida.
Os políticos devem evitar atitudes vergonhosas.
Além disso, não importa o quanto
Desejem vencer uma eleição
Ou queiram expandir seu círculo de poder,
Os políticos devem atuar com todo o rigor
Para evitar palavras e ações
Que provoquem ofensas morais e perseguições
Com o objetivo de derrubar os adversários.
Isso não faz parte do que chamamos de
Liberdade de expressão.

A causa da baixa qualidade dos políticos
É que o coração das pessoas está deteriorado.
Os políticos nada mais são
Do que pessoas escolhidas pelo povo.
Se os políticos que estão governando o povo
Não se guiam por valores espirituais
Em seu coração,
Significa que também o povo
Está desprovido de valores espirituais.
Esta situação é inadmissível.

A Política e a Economia

A política precisa ser exercida
Com um coração puro e sincero.
Por isso, ao escolher os políticos,
Busquem aqueles que procuram servir
Com um coração puro e sincero.
Elejam aqueles que
Atuam para melhorar o mundo
Com lealdade e sinceridade.
Essa é a tendência que devemos criar.
A política atual está num estado preocupante.
Quando estiverem em dúvida em quem votar,
Escolham aqueles que possuem maiores virtudes,
Que são honestos e decentes.
Comparem os candidatos e escolham
Os que apresentarem mais virtudes.
Não se deixem influenciar
Pelos números das pesquisas.
Também não decidam tomando por base
O poder financeiro ou do dinheiro.
Não é correto que o resultado de uma eleição
Seja decidido pelo volume de dinheiro
Investido numa campanha.
A escolha de um candidato
Não deve ser baseada
Apenas na capacidade política,
Mas na sua proximidade com Deus ou Buda.
Os políticos, em vez de perder tempo

Com brigas entre os partidos e as facções internas,
Deveriam se dedicar a ações
Que aumentassem a prosperidade
E a felicidade do povo.

A Verdade sobre a Economia

Amados discípulos,
Muitos de vocês estão perplexos
Com os princípios da economia moderna.
Não sabem o que pensar desses princípios econômicos.
Vocês não compreendem qual é a relação
Entre os princípios econômicos e a Verdade Búdica.
Muitos estão sofrendo
Por causa de problemas econômicos.
Muitos estão se degradando por causa da economia.
A razão do sofrimento com a economia
É que muitas pessoas
Estão perdendo seus valores espirituais
Por causa do grande apego que ela gera.
No entanto, nesta época em que vivemos,
É necessário saber lidar com a economia,
Aprender seus princípios e tê-la sob controle.
Vocês devem aprender os valores corretos
Para viver nessas condições.
Por mais que se aprimorem espiritualmente,

A Política e a Economia

Não há como escapar dos princípios econômicos,
Pois eles existem neste mundo atual.
Portanto, é muito importante
Saber escolher o Correto Caminho
Levando em consideração os princípios econômicos.
Este modo de pensar
Está de acordo com a Correta Ação,
Que é um dos princípios
Dos Oito Corretos Caminhos,
Que lhes ensinei no passado.
Ao ingressar pelo Portal Búdico,
Renunciando à vida mundana,
Muitos viveram sem saber o que era exatamente
A Correta Ação.
Mas, ao renascer nesta era,
Sejam gratos a Buda,
Pois estão tendo a oportunidade
De estudar e aprender
A verdadeira natureza da Correta Ação.
A Correta Ação consiste
Em se tornar uma pessoa próspera
E dessa forma beneficiar muitas outras pessoas,
Enriquecendo-as e tornando-as felizes, e
Em seguida, contribuir para o progresso da nação.
Quando os princípios da economia
São praticados adequadamente,
Eles proporcionam felicidade

A um grande número de pessoas.
No entanto, a economia não pode
Simplesmente existir por si só.
Ela deve ser usada como uma força propulsora
Que ajude as pessoas a se aprimorar
E enriqueça ainda mais o coração delas.
A verdadeira razão da existência da economia
É que ela sirva à mente, ao coração.
Entretanto,
Quando a mente humana
Passa a ser escravizada pela economia,
E o coração se torna dependente dela,
Significa que o ser humano
Não está levando a vida de forma digna.
Meus amados, de agora em diante
Guardem bem essas lições no coração.
A economia deve servir à mente
Como um súdito serve a um rei,
E nunca o contrário.
Abençoados são aqueles que prosperam
E conseguem manter o coração puro.
Essas pessoas devem usar o poder econômico
Como uma força
Para aprimorar ainda mais a mente,
Criar locais destinados ao aprimoramento espiritual
E influenciar um grande número de pessoas.
Contudo, digo-lhes que,

A Política e a Economia

Se vocês não possuem poder econômico,
Não façam disso motivo para um grande sofrimento.
Não deixem que a economia se torne
A causa de seus sofrimentos.
Não permitam que a pobreza
Seja o motivo do seu sofrimento.
Não deixem que a falência ou fracasso financeiro
Se tornem motivos para o seu sofrimento.
Pois, apesar de todos esses sofrimentos,
Há algo que prevalece por toda a eternidade.
O objetivo final é a lapidação do coração
E o aprimoramento da alma, que é imortal.
Trata-se do primeiro e último trabalho,
Que é continuar o aprimoramento da mente,
Por pior que sejam as condições
Em que estejam vivendo.
Adicionem os princípios da economia
Ao trabalho de aprimorar seu coração
E sua mente de forma contínua.
Acredito que é possível
Aprimorarem sua mente
Ao mesmo tempo que desenvolvem sua alma,
Utilizando os princípios econômicos.
Se vocês pensarem bem, irão perceber que
Quando realizam um bom trabalho,
Que realmente beneficia os outros,
A recompensa que é medida com dinheiro

Retornará a vocês como riqueza.
Com base nisso,
Se vocês se encontram na pobreza,
Procurem refletir se têm trabalhado
Para gerar riqueza e prosperidade
Que beneficie os outros.
Pratiquem a reflexão
Utilizando como referência
Os princípios da economia.
Vocês acreditam que
Seja possível continuar pobre
Quando estão realmente trabalhando
Pelo bem dos outros?
Se vocês estão realmente trabalhando
Pelo bem dos outros, não prosperam
E vivem em constantes crises financeiras,
É porque está lhes faltando sabedoria.
Façam uso da sabedoria.
Ao aplicarem a sabedoria, a economia irá crescer.
Se usarem a sabedoria,
A economia fará sua luz brilhar.
Ao aplicarem a sabedoria,
Não haverá fracasso.
Talvez vocês estejam se perguntando:
Por que não conseguem prosperar,
Já que trabalham tão ardentemente pelos seus ideais
E fazem algo que é bom de verdade para a sociedade?

A Política e a Economia

O mais provável
É que não estejam usando
Plenamente sua sabedoria.
O que significa usar a sabedoria?
Significa usar corretamente seu tempo.
Significa trazer à tona o melhor dos outros.
Lembrem-se sempre desses dois pontos.
Os que são sábios
Possuem controle absoluto do seu tempo.
Os que possuem sabedoria
Conseguem administrar o tempo
Da forma como querem.
São capazes de fazer do tempo um aliado,
E usá-lo como se fosse uma arma.
Transformam o tempo em seu sangue e nutriente.
É isso o que significa fazer uso da sabedoria.
Por outro lado, há muitos exemplos de pessoas
Que obtiveram sucesso ao nutrir
O potencial e a capacidade dos outros.
Além de fazer uso da sabedoria e do tempo,
É importante saber empregar as pessoas
Com sabedoria.
A economia irá crescer
Quando as pessoas forem aproveitadas
Em seu potencial máximo.
À medida que conseguirem ver
O potencial das pessoas,

Irão adquirir um grande poder econômico
E estarão oferecendo uma grande oportunidade
Para muitas pessoas aprimorarem sua alma.

Compreendam que,
Se vocês passarem o dia todo no templo
Praticando meditação zen,
Não conseguirão gerar resultados econômicos,
Nem mesmo terão contato com as pessoas.
No entanto, se vocês forem para
Seu local de trabalho diariamente
E se envolverem com suas tarefas,
Não haverá dia em que não serão
Confrontados com questões econômicas
E levados a conviver com as pessoas.
Isso será um grande aprendizado.
É preciso saber usar muito bem
Esse grandioso aprendizado.

Ter Consciência da Abastança

Tenho certeza de que vocês já ouviram a frase:
"A pessoa certa no lugar certo".
É fundamental colocar as pessoas nas tarefas
Que forem mais adequadas à sua capacidade,
Talento e habilidades.

A Política e a Economia

As pessoas às vezes têm dificuldade
Para compreender o que vem a ser
A ideia de colocar
O indivíduo certo no lugar certo.
Em muitos casos, isso ocorre porque
O ser humano é ganancioso e cheio de desejos,
E não consegue fazer
Uma avaliação correta de si mesmo.
Compreendam que as pessoas só sentem alegria
Quando são aproveitadas
De acordo com sua capacidade.
Não se esqueçam de que,
Assim como as ferramentas,
Cada qual tem uma maneira de ser feliz.
Uma serra tem seu jeito de ser feliz;
Uma plaina de madeira tem seu jeito de ser feliz;
Um formão tem seu jeito de ser feliz.
Uma serra é útil para cortar madeira.
Desempenhar bem essa tarefa
É uma alegria para a serra.
Para uma plaina, aplainar madeira
É que é uma alegria,
E para um formão é abrir sulcos na madeira
Que constitui uma alegria.
Serra, plaina e formão, apesar de serem diferentes,
Todos são muito úteis.
Cada ferramenta tem seu valor

E todas são indispensáveis.
Por isso, se as pessoas do mundo
Acharem que ser serra
É a coisa mais maravilhosa que existe,
Todas irão desejar se tornar serras.
Mas, se a opinião pública achar que as plainas
É que são maravilhosas, todas desejarão ser plainas.
Mas é pelo fato de haver
Muitas pessoas diferentes no mundo,
E cada uma dedicar-se
A trabalhar em algo diferente,
Que o mundo vai se tornando cada vez melhor.
Algumas pessoas podem ter como meta
Tornar-se alguém que se destaca como uma serra.
No entanto, para desempenhar a função de uma serra
É preciso possuir muita força.
É preciso ser forte, decidido, rápido no agir
E ágil para concluir a tarefa que lhe é atribuída.
É muito bom quando pessoas
Que têm essas características
Assumem o papel de uma serra.

Por outro lado,
Existem também pessoas bem organizadas,
Que gostam de ser prestativas aos outros,
E naturalmente dedicam sua atenção
Às necessidades dos demais.

A Política e a Economia

Esse tipo de pessoa talvez não seja adequado
Ao papel de serra.
É melhor que trabalhe como uma plaina,
Que se esforça para dar um acabamento suave,
Deixando a superfície da madeira fina e plana.
Esse certamente é o caminho
Para cultivar o dom do seu eu original.
Há pessoas que desejam passar a vida
Como especialistas, dedicando-se
A um trabalho específico, tal como o formão,
Que precisa ter força para cortar
E escavar detalhes delicados.
O formão é útil para moldar
E esculpir locais pequeninos.
Pode haver pessoas que desprezam
Esse tipo de atividade.
Outras talvez achem que
Esse tipo de tarefa é depreciativo.
Mas esse é um trabalho que precisa ser feito.
É muito difícil produzir um encaixe usando uma serra
Ou mesmo utilizando uma plaina.
Mas, se você usar um formão, certamente conseguirá.
Portanto, nunca se esqueça de que
Existe a pessoa certa para o lugar certo.

Algumas pessoas podem acabar
Chegando à presidência de uma empresa

E trabalhar resolvendo
Muitas dificuldades e turbulências.
Mas é um erro achar que,
Se uma pessoa não conseguir se tornar presidente,
Não será feliz na vida.
A hierarquia entre superiores e subordinados
Existente neste mundo material
Não representa a verdadeira hierarquia
Diante dos olhos de Buda.
Somente quando cada pessoa
Faz o trabalho certo, no local certo,
Isto é, o mais adequado a ela,
Então, e só então, as coisas começam a melhorar.
Porém, satisfazer livremente os desejos de todos
Não é de modo algum uma coisa maravilhosa.
Se todas as pessoas do mundo
Que quisessem se tornar presidentes
Fossem simplesmente colocadas nesse cargo,
Uma após a outra,
Os empregados dessas empresas
Perderiam gradativamdente o emprego
E passariam por um grande sofrimento.
Lembrem-se que devem se tornar presidentes
Aqueles que têm capacidade para ser presidentes.
Portanto, nunca se lamentem de levar uma vida
Que esteja de acordo com a sua capacidade.
É claro, aqueles que são executivos de uma empresa

A Política e a Economia

Devem procurar ser justos
Ao promover e destinar cargos aos seus funcionários.
Por sua vez, os que são empregados
Também devem almejar
Que o tratamento seja justo.
Por favor, gostaria que vocês se lembrassem
Desta analogia
Da serra, da plaina e do formão.
Saibam que cada um encontrará alegria
Somente quando for usado no local correto
E se tornar útil.
Não há verdadeira alegria
Quando se atua num local incorreto.
Entretanto,
Ter consciência da abastança
Nunca será algo negativo.
Ter consciência da abastança
É conhecer a si mesmo.
Ter consciência da abastança
É conhecer sua competência.
Ter consciência da abastança
É conhecer seus talentos.
Ter consciência da abastança
É saber seu lugar na vida.
É conhecer o caminho que deve seguir, sua vocação.
É saber a que se dedicar até a morte.
É isso o que significa ter consciência da abastança.

O Desenvolvimento Adequado

Agora vou lhes ensinar esta filosofia
De consciência da abastança a partir de outro ângulo.
Sinto que esta filosofia
Não está sendo colocada em prática o suficiente
No âmbito da política e da economia.
Parece que todo mundo está obcecado
Apenas em ver aumentar os números e os lucros.
É preciso compreender a importância da filosofia
De ter consciência da abastança.
Este ensinamento visa introduzir
O princípio da harmonia
Nesta sociedade masculina
Que persegue desesperadamente o progresso.
Por meio da prática de aprender
A consciência da abastança
As pessoas conseguirão se afastar
Dos pensamentos extremistas
E também ficar longe dos altos e baixos.
Ao trilhar o Caminho do Meio
O indivíduo deve aprender a consciência da abastança
Como um modo de vida
Que fique longe dos extremos,
Dos altos e baixos, da esquerda e da direita.
Também aqueles que estão no meio político
Precisam compreender bem essa filosofia

A Política e a Economia

De ter consciência da abastança.
A sede pelo poder e pela autoridade
Não os conduzirá a nada.
Aprendam a consciência da abastança
E procurem o caminho
Que lhes possibilite expressar o que têm de melhor.
O mesmo é valido para as questões econômicas.
Pode ser que uma empresa esteja satisfeita
Com seu desenvolvimento;
No entanto, não há limite para a prosperidade
E o crescimento.
Buscar expandir os números e a quantidade
Não é necessariamente o mais correto.
Lembrem-se de que
A prosperidade e o crescimento só são corretos
Quando proporcionam alegria às pessoas.
Ter consciência da abastança
Não significa frear o progresso.
Significa que se deve progredir da maneira correta,
Caso contrário,
Por não pensar em progredir adequadamente,
Tudo acaba terminando em fracasso.
Até mesmo as árvores precisam crescer
De modo adequado,
E o mesmo vale para a grama e as flores.
Se um girassol crescer
E ficar com 10 metros de altura,

Sofrerá muito com isso.
Extrair a água do solo e levá-la até o topo
Se tornará uma necessidade urgente
Que pode levar a planta ao colapso
Ou a ter dificuldade.
Dois metros é a altura adequada para um girassol.
Há outra maneira de compreender isso.
Por exemplo, ao ver um caquizeiro
Com muitas frutas,
Talvez você fique muito feliz.
Mas pense no que aconteceria
Se essa árvore desse frutas demais.
Seus galhos se curvariam sob o peso das frutas
E o sabor do caqui seria prejudicado por isso.
Se a fruta ficar com sabor ruim,
Então todo o trabalho da árvore se torna em vão.
Se um caquizeiro der muitas frutas,
Isso não será necessariamente
Uma alegria para as pessoas.
Pois, se o sabor da fruta não for bom,
As pessoas não ficarão felizes com isso.
Portanto, o melhor é que a árvore dê
Um número adequado de frutas deliciosas.
Não é bom que a colheita
Seja ora farta, ora escassa.
Não é bom que a qualidade da fruta
Fique sempre variando,

Ou que a quantidade flutue
E às vezes seja excessiva, outras insuficiente.
Não se esqueça de que
O correto é que a árvore
Atenda sempre às expectativas
Que as pessoas têm dela,
Ou seja, que dê uma quantidade adequada de caquis
E que eles possuam um sabor adequado.

É importante que todo sucesso
Seja alcançado de modo adequado.
Em todas as coisas, não se deve exagerar
Fazendo demais ou fazendo de menos.
O Caminho do Meio não é algo temporário,
Mas uma maneira para se alcançar o sucesso infinito.
Agora, reflitam de novo sobre seu trabalho
E vejam se não estão buscando alguma coisa
Que não é adequada à sua capacidade.
Analisar-se por esse ponto de vista
Para aprender a se contentar,
É uma das formas de trilhar o Caminho do Meio.
Não se esqueçam disso.
As pessoas tendem a mostrar uma bela fachada
Para parecerem boas aos olhos dos outros.
Aqueles que buscam um sucesso superficial
Nada mais querem do que ganhar dinheiro fácil.
Lembrem-se sempre de que

A alma não irá prosperar
Enquanto buscar ganhos superficiais,
Pompa e glória fúteis.

Desenvolver-se a Partir do Caminho do Meio

Quando vocês estiverem no auge do sucesso,
Não se sintam orgulhosos por seus resultados.
E, em épocas de fracassos,
Continuem sempre a incentivar a própria mente.
Essa é a maneira de evitar os dois extremos
E adentrar no Caminho do Meio.
Quando pessoas ignorantes alcançam sucesso,
Elas ficam todas cheias de si,
Assumem ares de superioridade
E dizem coisas que são cruéis
E desumanas para os outros.
Mais tarde,
Quando o ambiente e as circunstâncias pioram
E elas enfrentam situações negativas,
Caindo no fundo do poço,
Não encontram ninguém que lhes estenda a mão.
Além disso, ao mergulhar
Nas profundezas do desespero,
Começam a se queixar e a insultar os outros.

A Política e a Economia

Elas passarão a ser evitadas
Por aqueles que estão à sua volta,
Pois suas reclamações
Preenchem de trevas o coração dos outros.
É também considerado um sábio caminho
Não se envolver com pessoas que podem
Escurecer o nosso coração.
As pessoas sábias não gastam seu tempo
Com aqueles que vivem reclamando e se queixando
Quando se encontram nas profundezas do desespero.
Portanto, se algum dia vocês
Começarem a cair em desespero,
Busquem a luz da esperança, incentivando-se
Continuamente, com uma forte vontade de viver.
Quando conseguirem dar o primeiro passo
Utilizando todas as suas forças,
E depois o segundo e o terceiro passo,
Começarão a ser reconhecidos
Por aqueles que estão à sua volta,
E será possível retornar
À maravilhosa estrada do Caminho do Meio,
A Estrada Dourada, a estrada real.
É assim que se chega ao sucesso.

Meus amados, sigam o Caminho do Meio
Como princípio para a vida.
Façam do desenvolvimento

Do Caminho do Meio seu princípio,
Tanto na política quanto na economia,
Procurem viver no Caminho do Meio
E progredir a partir dele,
Pois o Caminho do Meio é a estrada
Que não causa dano aos outros,
Ao contrário, ama todo mundo
E procura trazer felicidade a todos.

O Caminho do Meio de uma Nação

Talvez vocês imaginem
Que o princípio do Caminho do Meio
Tenha sido concebido apenas
Para a mente de cada indivíduo.
Talvez tenham aplicado esse princípio
Apenas ao seu coração,
E o tenham limitado ao Pequeno Veículo[1].
No entanto, o princípio do Caminho do Meio
Transcende o Pequeno Veículo
E se aplica ao mundo do Grande Veículo[2].
Da mesma forma que é importante

---

1. O budismo costuma ser dividido em duas escolas principais: a hinaiana (ou Pequeno Veículo), que é a corrente ortodoxa mais antiga; a única tradição sobrevivente desta escola é a teravada (ou Doutrina dos Anciãos), cujos ensinamentos são voltados apenas para o autoaperfeiçoamento.
2. A segunda escola é a maaiana (ou Grande Veículo), que prega os ensinamentos mais profundos de Buda e busca a salvação da humanidade.

A Política e a Economia

Para cada pessoa viver no Caminho do Meio,
Doravante, ele é igualmente importante
Tanto para a sociedade quanto para a nação.
No mundo das relações internacionais,
Os conflitos entre as nações
Estão cada vez mais intensos
E se tornando um problema sério.
Em tempos como esses,
É necessário manter um padrão
Na maneira de pensar.
Esse padrão é justamente o Caminho do Meio.
A maior chave para coordenar
As relações bilaterais
Entre esta nação e os Estados Unidos,
Ou com qualquer outra nação,
Encontra-se no Caminho do Meio.
Por mais que se deseje atender
Somente aos interesses da sua nação,
Ignorando os dos demais,
Pensando apenas na prosperidade do seu país,
Não é isso o que ocorre.
Se sua nação for a única a prosperar,
Fazendo as outras declinarem,
Não será possível realizar o comércio internacional.
Somente quando os outros países enriquecem,
Juntamente ao nosso país,

É que é possível estabelecer
Um mundo maravilhoso,
Com uma economia internacional maravilhosa.
Portanto, não procurem
Apenas o benefício para sua própria nação.
A mente desta nação e de outros países
Está ficando cada vez mais estreita.
Por possuir um coração estreito,
Cada nação está procurando ver
Somente os próprios interesses.
Não é assim que deve ser.

Uma nação deve ter uma mente
Capaz de oferecer um grande amor.
Uma nação deve ter respeito pelos países
Que a treinaram e a guiaram no passado.
Esta nação deve também oferecer mais amor
No seu papel de orientar outros países
Que estão menos desenvolvidos,
Sonhando um dia se tornarem como nós.
Devemos fazer nossa parte como mestres
E orientar esses países.
Devemos fazer nossa parte como orientadores
E guiá-los.
Uma nação não deve se esquecer dos favores
Que as nações mais desenvolvidas um dia lhe fizeram.
Foi somente porque essas nações desenvolvidas

A Política e a Economia

Ensinaram a esta nação sua filosofia, sua cultura
E seus princípios econômicos
Que esta nação conseguiu crescer
E chegar aonde chegou.
Portanto, agora esta nação está
Em condições de guiar.
Devemos pensar em como
Podemos devolver esses favores.
Conseguimos superar aqueles
Que foram nossos mestres no passado,
Nem por isso devemos ser desrespeitosos com eles.
Temos de fazer o possível por eles.
Se nossa capacidade superou a deles,
Não podemos nos tornar orgulhosos.
Não podemos ser arrogantes.
Além disso, do mesmo modo que esta nação
Foi auxiliada
Por nações desenvolvidas no passado,
Será que esta nação será capaz
De oferecer orientação e ajuda
Àquelas nações que nos seguem de perto?
Algumas nações desenvolvidas ficaram receosas
Por terem sofrido a concorrência
E terem sido superadas por esta nação.
Se essas nações escolherem
Não ajudar, não cooperar e não orientar
Os países ainda em desenvolvimento,

Suas ações acabarão sendo interpretadas como
Um ato de autopreservação de seus países.

Não se esqueçam de que a base
Para a prosperidade e o progresso
Está no Caminho do Meio.
Não se esqueçam de que o Caminho do Meio
Irá fazer com que todas as coisas progridam.
Vocês precisam ter uma perspectiva global
Das questões políticas e econômicas,
E tentar resolver essas questões
À luz da filosofia do Caminho do Meio.
Recomendo a vocês fortemente
Que pensem não apenas
Nos benefícios e interesses de seu próprio país.
Lembrem-se sempre de que irão prosperar
Somente quando ajudarem os outros
A fazer o mesmo.

Capítulo 5

Perseverança e Sucesso

*Meus amados discípulos,
Ouçam com atenção minhas palavras.
Agora vou falar sobre perseverança e sucesso,
Pois estes ensinamentos
São muito importantes.*

Caminhem em Silêncio

Sempre ensinei vocês a se livrarem dos apegos.
De todos os apegos,
O que mais pode impedi-los
De alcançar o sucesso é o apego ao tempo.
O apego relacionado ao tempo é a pressa ou afobação.
As pessoas estão sofrendo por causa da pressa.
Por causa da impaciência
As pessoas se perdem constantemente.
Em geral, as pessoas se tornam reféns da pressa.

Amados discípulos,
Saibam que a pressa é realmente uma inimiga da vida.
Os que andam calmamente chegam mais longe.
Caminhar silenciosamente
Nos permite percorrer milhares de quilômetros.
No entanto, aqueles que caminham fazendo alarde,
Tocando sinos e batendo tambores,
Não costumam ir longe em sua jornada.
Porque muitas pessoas se reúnem
Em volta dos sons festivos
E ficam de conversa com o viajante,
Que se entretém com a conversa
E acaba se esquecendo
Do objetivo inicial da sua jornada.

Portanto, se quiserem andar rápido em sua jornada,
Caminhem em silêncio.
Se o seu destino está muito distante,
É preciso partir imediatamente.
Para isso, caminhem em silêncio, concentrados.
Não se apressem jamais.
Já refletiram alguma vez sobre a impaciência?
A impaciência é o desejo de obter logo os resultados.
É o desejo de alcançar resultados antes dos outros.
É o desejo de conseguir a meta
Sem fazer grandes esforços.

Assim, meus amados,
Guardem bem essas palavras no coração.
Se alguma vez se sentirem perdidos na vida,
Perguntem-se se seus problemas e preocupações
Não estão sendo causados
Simplesmente pela pressa.
Perguntem-se se não é, na realidade, a pressa
Que está trazendo confusão,
E se não é ela a origem do problema.
Nessas situações,
Respirem fundo e perguntem a si mesmos:
Por que estou tão apressado? Por que me afobar?
Por que estou tão ansioso?
Ao ponderar essas questões,
Perceberão que não há razão para tanto;

Perseverança e Sucesso

Não há um motivo verdadeiro para isso.
A origem da pressa é sempre a mesma;
Não existe uma razão real para se afobar.
Isso ocorre porque vocês se sentem ansiosos,
Achando que, com o passar do tempo,
Algum problema preocupante poderá
Pegá-los de surpresa.
Receiam que algo vai prejudicá-los no futuro.
Na maioria dos casos, a ansiedade surge
Por causa do medo daquilo que está por vir.
A fonte da pressa, da afobação e da ansiedade
Está no medo de que algo ruim possa acontecer.

Meus amados, pensem bem nisso.
Qual é sua missão na vida?
Quais são seus objetivos na vida?
Quando pensarem nessas questões,
Compreenderão que não vieram à Terra
Para atravessar correndo pela vida.
Todo o sabor da vida irá desaparecer,
Se vocês passarem correndo por ela.
Na realidade, mesmo que as pessoas
Sejam capazes de alcançar
O topo de uma montanha em um segundo,
Isso não é tão importante.
Não tenham medo de levar uma vida simples.
Não tenham medo de ter uma vida comum.

Não deixem seu coração ser influenciado
Por modismos passageiros.
Não se deixem levar
Pelo senso comum deste mundo.
Não se desviem do caminho
Por causa da opinião dos outros.
Nem se percam por causa da mente das pessoas
Que dizem amá-los.

Aqueles que seguem pelo caminho
Devem fazê-lo em silêncio.
Aqueles que trilham o caminho
Precisam seguir em silêncio.
Não deixem que os outros percebam seus passos.
Vocês não precisam anunciar aos outros
Que estão para iniciar uma longa jornada.
Não, não digam a ninguém.
Ao contar para os outros,
Haverá quem atrapalhe seu caminho.
Nem sempre as interferências
São mal-intencionadas.
Algumas delas podem ser movidas
Por boas intenções no coração.
Muitos vão aconselhá-los a desistir,
Mostrando os perigos
Que sua longa jornada pode envolver.

Momentos de Solidão

Amados discípulos,
Vocês já estão seguindo pelo caminho
Da disciplina do aprimoramento espiritual.
Uma vez que já estão no caminho da Verdade,
Precisam se tornar fortes.
Preparem-se para encarar essa longa viagem sozinhos.
Cultivem a capacidade de suportar a solidão.
A chave para vencer na vida
Está nesta capacidade.
Aqueles que falharam em suportar a solidão
Jamais conseguiram se tornar bem-sucedidos,
Pois, antes de alcançar o verdadeiro sucesso,
Todos precisam enfrentar momentos de solidão.
Depois disso, pode ser que venha a alegria intensa.
Mas a verdade é uma só:
Antes de obter o sucesso,
Fatalmente vocês passarão pela solidão.
A questão mais importante
É como superar os períodos de solidão.
Às vezes, a solidão que precede o sucesso
Dura pouco;
Outras vezes, é longa.
Pode acontecer de vocês
Passarem dezenas de anos na solidão.
Contudo, não temam.

Não sintam medo da solidão.
Não se esqueçam de que
Buda estará sempre ao seu lado
Nos momentos de solidão.
Quando estiverem sentados sozinhos,
Não se esqueçam de que o Grandioso Ser
estará sentado ao seu lado.

Vocês não estão sozinhos.
Vocês não estão sozinhos para nada.
Neste exato momento,
Estão na realidade fortalecendo a alma.
Neste momento, sua alma está prestes a emitir luz.
Um brilho está para surgir
Do fundo da sua alma.

Ah, meus jovens,
Não tenham medo da solidão.
Porque é em épocas de solidão
Que a alma tem a grande oportunidade de crescer.
A forma como suportam a solidão
É um teste para saber se são verdadeiros.
Meus jovens, não procurem apenas a alegria.
Não busquem somente viver se divertindo
Juntamente às outras pessoas.
Não fiquem desejando apenas
Ganhar atenção e elogios dos outros.

Durante essas épocas de solidão,
Há algo que os fará viver por toda a eternidade.
Percebam esse algo que lhes dará vida eterna.
Quando conseguirem compreender,
Ocorrerá uma grande transformação em vocês.
Não haverá como evitar essa mudança.
Vocês experimentarão uma mudança completa,
De 180 graus.
Dessa forma, passarão por momentos grandiosos,
Experimentarão uma vida notável.
Pessoas verdadeiramente valentes surgem
Quando se consegue superar a solidão.

O Caminho para o Sucesso

Há mais coisas a lhes dizer.
Os seres humanos sentem
Uma forte atração pelo sucesso.
Todos os dias, sentem vontade de ter sucesso.
Diariamente,
Ficam pensando em como obter sucesso.
Mas o verdadeiro sucesso
Talvez esteja mais longe do que vocês imaginam.
Pode ser que o sucesso esteja bem perto de vocês.
Vocês não sabem direito o que vem a ser o sucesso.
Por isso, vou lhes ensinar.

Há três condições que não podem faltar
Para uma pessoa ser verdadeiramente bem-sucedida.

1. Ter um Coração Sempre Calmo

Não se pode considerar que uma pessoa
Teve um verdadeiro sucesso
Se sua mente perde a tranquilidade por causa dele.
Portanto, a primeira condição do sucesso
É que seu coração esteja sempre sereno
E livre de apegos.
Se o que você acha que é sucesso
Faz com que você fique cada vez mais apegado,
Então não se trata do verdadeiro sucesso.
O sucesso passa a ser verdadeiro
Quando lhe proporciona
Uma mente mais serena e calma,
Um coração rico que deseja beneficiar os outros,
Que pensa nas outras pessoas.

2. Não Despertar Inveja nos Outros

Se no caminho do seu sucesso há brigas e apegos
Ou você desperta inveja e ódio nos outros,
Então não alcançou o verdadeiro sucesso.
Portanto, a segunda condição do sucesso
É que você não provoque inveja nos outros.

Perseverança e Sucesso

Até o momento, não houve quem obtivesse
Um grande sucesso despertando inveja nos outros.
Aqueles que alcançam o sucesso
Mas ao mesmo tempo despertam inveja nos outros
Acabam se afundando nos abismos da ruína.
Se seu sucesso fez os outros sentirem ciúmes,
Significa que foi obtido passando por cima das pessoas,
Sobrecarregando os outros.
Se seu sucesso tiver como objetivo melhorar a vida
E aliviar o fardo das pessoas,
Promovendo felicidade ao próximo,
Então, não suscitará jamais o ciúme e a inveja.
Portanto, se surgir uma única pessoa
Que sinta inveja do seu sucesso,
Saibam que ainda lhe faltam virtudes.
O que significa faltar virtudes?
Significa que existe alguém que sente
Que foi prejudicado por causa do seu sucesso.
Pode haver pessoas que acham que o seu sucesso
Não é merecido, por isso não aceitam.
O sucesso não deve causar isso.
Saibam que o verdadeiro sucesso
Recebe apoio e incentivo naturalmente,
De todos os que estão à sua volta.
Para se alcançar o verdadeiro sucesso
Não basta ter a intenção.
Pelo contrário, é algo cujo resultado

Vai surgindo naturalmente.
O verdadeiro sucesso é aquele que
Desperta a gratidão em muitas pessoas.
Acredito que não há sucesso verdadeiro
Se não for recebido com gratidão por muitas pessoas.

3. Exalar a Fragrância da Iluminação

Compartilho agora a terceira condição do sucesso.
Disse-lhes que é importante
Ter um coração sereno e uma postura
Que não desperte a inveja alheia.
No entanto, há outra postura mental
Muito importante para o sucesso:
Seu sucesso deve aumentar a radiância da sua alma.
Vocês compreendem o que significa
Aumentar o brilho da alma?
Significa que a fragrância da iluminação
Deve brotar de dentro do seu coração,
Fluindo e flutuando à sua volta.
O que é essa fragrância da iluminação,
Essa luz que vem da alma?
Vocês conseguem entender o que é isso?
Vou lhes dizer: a fragrância da iluminação é algo
Que não poder ser conseguido quando se quer.
Não é algo de que alguém possa se apossar.
A fragrância da iluminação

É obtida sem que seja preciso tirar algo de alguém,
Sem alimentar o desejo de tê-la.
Ela é como uma borboleta
Que voa mais alto
Quando a perseguem com uma rede.
Mas quando vocês resolvem ficar quietos e esperar,
Ela desce e pousa no seu ombro para descansar.
Do mesmo modo é a iluminação.
Ela chega naturalmente,
Quando vocês não estão nem pensando nela.
Assim, sua fragrância envolvente
Irá enriquecer sua mente
E a mente de todos os que estiverem à sua volta.

Agora, gostaria de explicar este ensinamento visto por outro ângulo.

O Som da Flauta de Bambu

No passado, havia um gigante. Ele media cerca de dois metros e meio de altura. Todos na cidade tinham medo desse homem e tremiam ao vê-lo. Quando ele chegou à cidade, todos correram para dentro de suas casas, fecharam as portas e ficaram espiando pelas frestas das janelas. O gigante sempre trazia um turbante enrolado na cabeça e um bracelete de ouro. Sua pele era da cor de bronze fogoso e ele usava calças cinza surradas. Como ele tinha um grilhão de ferro no tornozelo, os moradores do local achavam que ele havia fugido da prisão.

O gigante era muito forte e capaz de arrastar um ou dois cavalos. Se decidisse usar toda a sua força bruta, esse homem gigante poderia facilmente derrubar uma casa de madeira. Até os animais corriam e gritavam quando ele passava, com medo que seu pescoço fosse torcido pelo gigante.

Um dia, os mais velhos da aldeia se reuniram em assembleia: "Será que não há nada que possamos fazer a respeito desse gigante?", perguntaram. "Será que não há como domar esse seu comportamento violento?"

Os anciões ficaram reunidos neste conselho por três dias e três noites, mas não conseguiram conceber nenhum plano.

Então, um dos idosos declarou: "Não há como resolver isso. Vamos capturar esse gigante e expulsá-lo da aldeia. Se conseguirmos fazer isso, as coisas voltarão à normalidade".

Os demais idosos responderam: "Certo, se conseguirmos capturar esse gigante e fazê-lo sair da aldeia, então estaremos a salvo. Mas o que faremos se ele voltar? Não sabemos quando ele poderá voltar e isso nos deixará ainda mais preocupados".

Outro idoso alertou: "Mesmo antes que isso se torne um problema, como é que vocês sugerem que a gente capture esse gigante? Será que existe alguém com coragem para enfrentá-lo?". "Bem, a única maneira de evitar que o gigante volte é matá-lo, mesmo que isso signifique cometer assassinato. Talvez seja melhor mesmo matá-lo e acabar logo com isso."

Ficaram discutindo o assunto por muito tempo. Conversaram sobre formas de matar o gigante. Falaram que ele poderia promover uma selvageria e matar dezenas de aldeões se eles falhassem na tentativa de assassiná-lo. Pensaram em arrumar um arqueiro para alvejá-lo, mas não tinham certeza se uma flecha poderia perfurar seu corpo tremendamente forte e, mesmo que conseguisse, se ele iria ou não retroceder diante de uma flecha. Também imaginaram construir uma armadilha para o gigante, mas desistiram disso por causa das consequências que poderiam advir se ele descobrisse o plano. Os idosos analisaram centenas de planos, mas não conseguiram achar sabedoria em nenhum deles. Quando estavam quase desistindo, uma jovem que estava ouvindo a conversa do conselho de idosos resolveu falar.

Ela disse: "Se me permitem falar, tenho uma ideia". Os idosos ficaram surpresos. Não conseguiam compreender como uma jovem poderia achar um jeito de se livrar do gigante, mas ela prosseguiu: "Por favor, deixem comigo, eu vou domar o gigante em um dia". O conselho de idosos se reuniu e discutiu a proposta da mulher.

"Se ela conseguir mesmo nos livrar do gigante, isso será maravilhoso. O que devemos fazer?" Eles conversaram e discutiram, mas não conseguiram ter nenhuma outra ideia; logo, decidiram adotar o plano dela e pediram que ela o levasse adiante.

A jovem era mãe de um menino de uns cinco anos de idade. Ele não tinha nada de especial, mas havia uma coisa que ele conseguia fazer melhor que qualquer um: Sabia tocar melodias com uma flauta de bambu. A jovem e sábia mãe estava convencida de que poderia domar o gigante usando o talento de seu filho.

No dia seguinte, o gigante chegou pisando firme no centro da cidade e erguendo uma imensa nuvem de poeira. Todos os aldeões fecharam as persianas de suas janelas e se esconderam nas casas. Estavam acovardados, imaginando o que o gigante iria destruir ou quem iria machucar naquele dia. No entanto, enquanto todos se escondiam, a mãe e o filho ficaram calmamente esperando o gigante na praça da aldeia. Todos os que viam os dois lá, esperando, ficaram receosos com o que poderia acontecer. Preocupados, achavam que a jovem e o filho não iriam resistir um segundo sequer ao gigante e seriam comidos por ele.

Então, o gigante chegou. Ele parecia um ogro imenso. Exatamente como os aldeões esperavam, ele se voltou com toda a fúria contra a mulher e o filho. Os aldeões engoliram em seco e já estavam se preparando para o pior. No entanto, naquele exato momento, a mulher, tendo no rosto uma expressão tranquila, fez avançar seu filho, que estava em pé ao lado dela. Este pegou então um pedaço de bambu do bolso, colocou-o nos lábios e começou a soprar.

E sabem o que aconteceu? O som suave daquele pequeno instrumento teve um efeito impressionante no gigante.

"O que é esse som?", o gigante perguntou. "Conheço esse som de algum lugar. Nossa, que lembranças ele me desperta. Onde será que eu já ouvi esse som antes?"

A jovem mãe havia imaginado que o gigante poderia ser de algum lugar da Índia. Pensou que talvez ele tivesse sido servo de algum nobre e que esse nobre teria usado a música para domar o temperamento selvagem daquele homem. E estava certa. O gigante estivera a serviço de um jovem senhor antes de fugir. Embora o jovem senhor fosse de baixa estatura, sabia tocar muito bem sua flauta e conseguia acalmar o gigante. Assim, quando o gigante ouviu a flauta do menino, lembrou-se daquela música que não ouvia há tanto tempo.

Conforme o gigante foi se acalmando, ele se recordou de todas as coisas que havia feito no passado. Uma profusão de lágrimas começou a rolar por sua face. Os aldeões ficaram perplexos ao verem o gigante chorar enquanto ouvia a melodia soprada pelo menino de cinco anos de idade e disseram: "O gigante não pode ser má pessoa, já que se emociona com o som da flauta tocada por uma criança".

Desse modo, os aldeões começaram a abrir suas persianas e aos poucos saíram de suas casas, um por vez, até que a praça da aldeia ficou cheia de gente.

Um aldeão declarou: "Achávamos que o gigante não tinha nada de bom, mas seu coração é receptivo à música. Vamos todos tocar nossas flautas".

Os aldeões trouxeram suas flautas e tocaram músicas juntos. Aos poucos, o gigante parou de derramar lágrimas,

*ficou alegre e começou a dançar com os demais habitantes do povoado. Assim, por meio do som de uma flauta de bambu, os aldeões ficaram sabendo da bondade do coração do gigante. A paz voltou à aldeia e todos viveram felizes juntos. O gigante protegeu a vila dos bandidos e os aldeões tranquilizaram sua mente com o som de suas melodias.
E todos viveram em paz para sempre.*

A Iluminação em uma Vida Simples

Vocês compreendem o significado desta parábola
Que acabei de compartilhar?
O gigante e os aldeões
Não estão separados de cada um de vocês.
Eles são moradores que vivem em seu coração.

Dentro do seu coração,
Vive um ser violento e nervoso,
E, por outro lado,
Também existe em vocês
Um indivíduo com medo e intimidado
Por aquele ser violento.
Este é o estado mental de todas as pessoas;
Mesmo que vocês desejem controlar sua mente,
São sempre arrastados pelos seus desejos.
Uma mente que é sempre enganada pelos desejos

Perseverança e Sucesso

Quando vê uma pessoa do sexo oposto, sente atração;
Quando vê dinheiro, fica gananciosa;
Quando vê os pertences dos outros, cobiça em tê-los;
E quando vê que o outro está feliz,
Não consegue manter a mente tranquila.
No seu coração há desejos incontroláveis
Tais como a fúria dos tufões.
Esses desejos incontroláveis dentro do seu coração
Estão representados pelo gigante dessa história.
No entanto, mesmo esse gigante
Possui lembranças de que um dia esteve acorrentado.
Ele ainda tem sentimentos nostálgicos
De ter sido controlado e domado
Por alguém, em algum lugar.

Se vocês conseguirem resgatar esses sentimentos,
Ou, em outras palavras,
Se tocarem a nostálgica melodia com a flauta,
Então será possível fazer o gigante ficar dócil.
Por isso, mesmo que vocês sejam os pequeninos
E frágeis moradores da vila,
Serão capazes de controlar o gigante.
Primeiro, vocês precisam se livrar do medo.
Não devem pensar
Que não irão conseguir controlar a própria mente.
Não devem pensar que são pessoas
Que podem ser manipuladas e controladas pelo mal.

Saibam que vocês têm o poder
De controlar a própria mente.
Saibam que o poder de controlar a mente
Não funciona por meio da força bruta,
De ameaças ou de violência.

Vocês entendem o que estou ensinando?
Estou ensinando
Que vocês não conseguirão controlar sua mente
Por meio de práticas ascéticas,
Dolorosas e autoflagelativas.
Há muitos tipos de práticas ascéticas,
Como ficar sob uma cachoeira ou jejuar.
Mas tentar acalmar e controlar a mente
Por esses métodos
É como atirar flechas ou montar armadilhas
Para tentar subjugar o gigante.
Esses métodos só servirão
Para deixar o homem mais enfurecido,
E sua mente irá se tornar mais incontrolável.

Não é assim que deve ser feito.
Há uma maneira mais pacífica e agradável
De controlar a mente.
Uma maneira que consiste
Em várias pequenas descobertas.
O que quero ensinar a vocês é que

∽ Perseverança e Sucesso ∽

A iluminação não é alcançada
Buscando-se um mundo de coisas extraordinárias.
A iluminação não é encontrada
Por meio de experiências fora do comum.
Em vez disso, as oportunidades para a iluminação
Encontram-se ao longo do dia a dia
De uma vida simples.
É ali que se encontra o caminho da iluminação.
Digo a vocês que a iluminação pode ser encontrada
Nas pequenas descobertas
De cada momento da vida comum.

O que seriam essas "pequenas descobertas"?
É relembrar o som da melodia que ouvíamos
Quando estávamos no Mundo Real,
O Mundo Celestial.
Procurem relembrar o som daquela melodia.
Para alcançar a iluminação
É necessário relembrar
A melodia da qual vocês gostavam tanto
No Mundo Real.
É isso o que importa.
O que seria essa melodia do Mundo Real?
São os sentimentos de bondade para com os outros.
São as bênçãos e felicitações dirigidas ao próximo.
É possuir uma mente consciente da abastança,
Que sabe se contentar,

Livre de desejos incontroláveis.
É ter uma mente que busca harmonia
E cooperação com os outros,
Nutrindo-se mutuamente.
É jamais desejar apenas a própria felicidade
Ou apenas satisfazer seus desejos egoístas.
Vocês devem possuir sentimentos
Infinitamente transparentes,
Bondosos e carinhosos.

Assim é o Mundo Celestial.
Mesmo descendo à Terra,
Vivam sempre com as lembranças do Céu.
Portanto, procurem viver cada dia
Com as lembranças do paraíso em sua mente.
Então, nesses momentos
Será como se estivessem
Tocando a pequenina flauta de bambu.
Vivam sempre com uma imagem
Desse mundo pacífico
Em seu coração,
Pois assim o gigante se acalmará
E deixará de ser seu inimigo.
Será um aliado importantíssimo,
Que trabalhará em harmonia
Com a sua vontade.

Perseverança e Virtude

O que acabo de compartilhar com vocês
É algo muito trivial e comum.
Ensinei a vocês
Que a fragrância da iluminação
Encontra-se numa vida simples e comum.
Agora, vou fazer-lhes uma pergunta.
Vocês compreendem a relação que existe
Entre as seguintes condições de sucesso:
A perseverança e a fragrância da iluminação,
Que é a sensação do brilho da sua alma?
Em outras palavras,
Estou dizendo que a perseverança e o sucesso
Estão conectados pela palavra "simplicidade".
A perseverança talvez não desempenhe
Um papel relevante
No dia a dia de uma vida extraordinária.
No entanto,
Para se conseguir sucesso numa vida comum
É necessária muita perseverança.
É uma tarefa desafiadora e difícil
Viver uma vida de forma simples e comum
E, ao mesmo tempo,
Relembrar as cenas celestiais
E tê-las como ideais de vida.

No entanto, esses esforços incessantes
São a chave para progredir eternamente.
É muito difícil progredir e se iluminar
De maneira repentina.
Mesmo que não consigam ler um livro inteiro,
Procurem ao menos ler uma linha por dia,
Dando mais um passo em direção ao progresso.
Esta é a chave que abrirá o caminho
Para um futuro brilhante.
Para se obter sucesso é necessária a perseverança,
Pois, assim, vocês não causarão inveja aos outros.
Quanto maior o esforço para se obter o sucesso,
Maior será o respeito das pessoas por nós.
A virtude sempre brilha
Quando o sucesso é alcançado
Por meio da perseverança.
A virtude é como um antídoto
Capaz de eliminar por completo o ciúme e a inveja.
Por isso, é muito importante
Que as pessoas bem-sucedidas
Adquiram virtude por meio da perseverança.
Dessa forma, seus esforços serão recompensados
E acumularão uma reserva positiva de virtudes.

Capítulo 6

O Que É Reencarnação?

*Meus amados discípulos,
Hoje vou relembrar uma história
que já contei a vocês muito tempo atrás.*

∽ O Que É Reencarnação? ∽

A Filosofia da Reencarnação

Vocês já aprenderam sobre reencarnação
Em várias ocasiões diferentes
Ao longo de suas vidas passadas.
No entanto, já faz muito tempo
Que a crença na reencarnação perdeu força na Terra.
Não, pior do que isso,
Esse ensinamento vem sendo interpretado
Como se fosse uma antiga parábola,
E não é levado a sério.
Infelizmente, pode ser que
Até mesmo os monges e discípulos
Que seguem o budismo atualmente,
Que herdaram meus ensinamentos,
Tenham uma certa dúvida
De que isso seja verdadeiro.
Sinto que aumenta cada vez mais
O número de pessoas
Que não acreditam na reencarnação.

Ó meus amados discípulos, é preciso que estudem
Este ensinamento com seriedade.
Cada pessoa que nasceu e cresce nesta vida presente
Possui uma perspectiva diferente do mundo,
Pois é influenciada pela educação recebida
E pelas várias experiências vividas.

No entanto, afirmo a vocês
Que este mundo
É um campo de treinamento muito difícil
Para que possam elevar seu grau de iluminação.
Vocês, que sempre têm descido comigo à Terra,
Escolhem ambientes difíceis para nascer.
A meu ver, o país em que vocês nasceram
Nesta encarnação, tal como o Japão atual,
Encontra-se numa situação mais grave
Do que a Índia de 2.500 anos atrás.
Naquela época, na Índia,
Por tradição daquela cultura,
Costumava-se valorizar Buda e Deus.
Havia também a crença na vida após a morte.

No Japão e no mundo moderno,
Embora ainda existam tais tradições,
Elas não passam de meras formalidades,
Como se fossem cascas vazias.
Há muitas pessoas que zombam
Da vida após a morte e da reencarnação,
E não procuram aprender a verdade por si mesmas.
Em vez disso, tentam tomar decisões
Com base apenas no conhecimento e nas experiências
Que adquiriram nesta vida no mundo terreno.
Mas quanta verdade podemos encontrar
Nesse conhecimento e nessas experiências?

∽ O Que É Reencarnação? ∽

Amados discípulos,
Ouçam bem minhas palavras.
Durante esta encarnação
Vocês não devem sentir medo;
Não devem hesitar;
Não devem se preocupar demais
Em tornar a vida de vocês mais fácil.
Procurem não pensar demasiadamente nisso.

Amados discípulos,
Vocês se orgulham de serem discípulos de Buda?
Vocês se orgulham de viverem para a verdade?
Vocês se orgulham de viverem
Para a Verdade de Buda?
Se ainda não perderan tais sentimentos,
Ouçam bem o que tenho a lhes dizer.

As pessoas deste mundo
Não estão nem um pouco preocupadas
Com a vida após a morte,
E preferem ignorar o outro mundo por completo.
Costumam achar que
Aqueles que falam da vida após a morte
São indivíduos perturbados ou fanáticos.
É por isso que a vida na Terra está se tornando
Muito difícil para aqueles que se esforçam
Em manter um coração puro e correto,

Por conhecer o mundo verdadeiro.
Muitas vezes essas pessoas são ridicularizadas,
Difamadas, criticadas e insultadas.

Alguns de vocês irão enfrentar essas adversidades
Pelo fato de acreditarem em minhas palavras.
No entanto, digo a vocês,
Mesmo que sejam prejudicados por minha causa,
Essas feridas um dia irão trazer-lhes grande glória.
Mesmo que sejam humilhados por minha causa,
Esse sentimento de vergonha trará a vocês
Grandes recompensas no céu.
Mesmo que seu corpo seja atirado ao solo
Por minha causa,
Saibam que sua grande devoção fará com que
Lágrimas de júbilo corram pelas faces
Das divindades do mundo celestial.

Ó amados discípulos,
Não se preocupem demais com sua reputação.
Não se sintam envergonhados por nutrirem sua fé.
Não sintam o desejo de serem respeitados
Pelas pessoas deste mundo.
Aceitem de bom grado ficar em uma posição
Na qual não terão o respeito dos outros.
Aceitem de bom grado ficar em uma posição
Na qual serão tratados com frieza.

O Que é Reencarnação?

Façam tudo isso pela Verdade de Buda.
Façam tudo unicamente pelos ensinamentos de Buda.
Vocês vêm aprendendo meus ensinamentos
Há dezenas, centenas ou, talvez,
Milhares de ciclos de reencarnações.
Todas as vezes que buscaram meus ensinamentos,
Passaram por inúmeros sofrimentos e dificuldades.
Não há o que temer agora.
Por que hesitar agora?
Do que vocês estão com medo?

Meus amados discípulos,
Sinto um profundo amor por vocês.
Meu carinho por vocês é infinito.
Não suporto vê-los sofrer.
Não consigo vê-los chorar
E ficar sem fazer nada.
Se o fato de seguir meus ensinamentos
Causar dores, preocupações e sofrimento a vocês,
Saibam que também estarei em aflição e sofrimento.
Eu sempre estarei com vocês.

Eu sinto quando vocês derramam suas lágrimas.
Eu sofro ao seu lado quando vocês sofrem.
Estou com vocês quando se sentem aflitos.
Eu sempre carregarei
Seu fardo pesado de sofrimentos.

Conheçam Seu Valor

Meus amados discípulos,
Mesmo que todas as autoridades,
Pessoas de alta posição, e todas as pessoas
Dotadas de conhecimento deste mundo
Neguem meus ensinamentos,
Não conseguirão encontrar erros neles.
O ser humano recebeu uma alma eterna
E está passando pelo processo de reencarnação.
Não há sequer uma pessoa
Que possa negar esta Verdade.
Negar esta Verdade é negar
O coração de Buda.
É negar a existência Dele.
Negar a existência de Buda
É negar o mundo criado por Ele,
Negar a própria humanidade.
Em outras palavras, é negar a si mesmo.

No entanto, pensem o quanto é vergonhoso.
Por que vocês sentem medo
De acreditar que o ser humano foi criado por Buda,
E que a cada pessoa foi concedida uma alma eterna?
Por que acham isso tão estranho?
Por que considerar isso uma história tão absurda?
Por que preferem acreditar que o ser humano

O Que É Reencarnação?

É uma evolução das amebas?
Por que se apegam tanto à ideia de que
O ser humano é simples matéria?
Isso sim é uma bobagem.
Se essas coisas fossem verdadeiras,
Onde estariam a nobreza e a dignidade humana?
O valor do ser humano é o que está dentro dele.
É a vida que tudo permeia e se originou de Buda.
É a vida criada por Ele.
Esta é a nobreza do homem.
Aqueles que desconhecem isso
Desconhecem totalmente o que é o bem,
Desconhecem completamente o que é a beleza,
Desconhecem inteiramente o que é a Verdade.
Aqueles que desconhecem
A bondade, a beleza e a verdade
Não podem ser considerados seres humanos.
Têm apenas a aparência de um ser humano.
A coisa mais importante para o ser humano
É conhecer essa nobreza
Durante sua vida na Terra.
É sentir e compreender o valor do ser humano
Por meio de suas experiências terrenas.
É sentir intensamente o valor
Da vida que nos foi concedida,
E permitida a todas as demais criaturas.
Este é o valor do mundo criado por Buda.

A Maior das Verdades

Meus amados discípulos,
Sinto-me muito triste.
Parece que vocês têm medo
Que classifiquem suas atividades como religiosas,
E de serem chamados de fanáticos.
No entanto, devo lembrá-los de que
Os fatos e a Verdade não podem ser mudados.
O que é fato é fato,
O que é verdade é verdade.
Por mais que vocês sejam ridicularizados,
Rejeitados, criticados ou difamados,
Lembrem-se de que aqueles que fazem isso
São pessoas que desconhecem a Verdade.
E quem nada sabe
Não tem como criticar aquele que sabe.
O ser humano só consegue explicar
Aquilo que é do seu conhecimento.
Não tem como compreender
O que está além do seu conhecimento.

Mesmo entre pessoas nascidas
Na mesma época, região e condição,
O estágio de evolução de cada alma é diferente,
Pois ao longo do processo de evolução eterna
Algumas pessoas avançam com rapidez,

O Que É Reencarnação?

Enquanto outras caminham lentamente.
Esta realidade é difícil de ser compreendida
Enquanto se vive na Terra,
Aliás, com frequência ocorre o oposto.
As pessoas deste mundo tendem a valorizar
Aqueles que buscam viver bem
Com base nos valores deste mundo,
Aqueles que querem levar uma vida fácil
E perseguem somente a felicidade deste mundo.
Talvez seja por isso
Que a vida esteja ficando difícil
Para aqueles que acreditam no outro mundo
E desejam alcançar
A felicidade do mundo celestial.

Apesar disso, vocês precisam ter coragem.
Aqueles que conhecem a Verdade
Precisam ser fortes.
Os conhecedores da Verdade
Não podem ser fracos!
Não se deixem abater pelas críticas e malidicências.
Não sejam derrotados pelas críticas
Daqueles que só têm conhecimentos superficiais.
Verdade é verdade.
Fato é fato.
O senso comum deste mundo
Não pode continuar desse jeito para sempre.

Amados discípulos,
Não posso deixar de lhes dizer que,
No mínimo, vocês devem ensinar aos outros
Sobre a vida eterna.
Devem ensinar, também, que o ser humano
Encarna repetidas vezes neste mundo,
Vindo do outro mundo.
Esta é a máxima verdade
Que o ser humano precisa descobrir
Durante o processo de nascer, viver
E crescer neste mundo terreno.
Não há nenhuma outra verdade no mundo terreno
Que possa ter mais valor
Do que essa máxima Verdade.
Em comparação com ela,
Todas as verdades mundanas
Não passam de contos para distrair crianças.
Quando as pessoas adquirem a consciência
De que o ser humano possui uma vida eterna
E que passa diversas vezes pela reencarnação,
Seus valores começam a sofrer
Uma grande transformação.
Ou seja, sua vida dá um giro de 180 graus.
Em outras palavras,
Depois que aprendem essa Verdade,
As pessoas passam a enxergar a vida
Por uma perspectiva de longuíssimo prazo.

∽ O Que É Reencarnação? ∽

Os Abençoados

Abençoados são aqueles que acreditam
Na existência do outro mundo e na reencarnação
Sem que sejam forçados nem coagidos por ninguém,
Sem precisarem estudar.
Devido ao fato de terem aprendido a Verdade Búdica
Em vidas passadas,
A Verdade ficou gravada
Nas camadas superficiais da alma.
Abençoados são aqueles
Que se familiarizaram com a Verdade Búdica
Ao longo de suas numerosas reencarnações,
Pois nesta vida será mais fácil
Compreender a realidade.

Amados discípulos,
Não faz muito tempo que vocês entraram
No caminho da disciplina espiritual.
Contudo, sejam gratos por terem encontrado
Esse caminho da Verdade Búdica ainda na fase inicial,
E por ter-lhes sido dada a oportunidade
De se vincularem a ela,
E assim trilharem o caminho da iluminação.
Esta é a maior felicidade que o ser humano pode ter
Desde o seu nascimento.
Lembrem-se de que vocês são abençoados.

Por mais que acumulem riquezas mundanas,
Por mais que se tornem famosos neste mundo,
Por mais que possuam status social,
Títulos ou poderes,
Nada disso jamais poderá se igualar a esta felicidade.
Nunca troquem esta felicidade
Por nenhuma felicidade ou riqueza
Deste mundo terreno.
A felicidade que vocês alcançam ao ter a oportunidade
De conhecerem a Verdade de Buda
E de trilharem o caminho da iluminação
É insubstituível.
Ao ingressarem no Caminho da Verdade,
Trilhando o caminho da iluminação,
Vocês se livrarão de todos os medos
E atingirão esta máxima felicidade.

Não se aflijam por questões econômicas.
Abandonem o medo de não serem amados pelos outros.
Não se preocupem se serão respeitados
E elogiados pelos outros.
As coisas deste mundo não terão o menor valor
Quando vocês descobrirem,
Ao longo do caminho da iluminação,
O quão nobre é aquela felicidade.
Isso porque todas as coisas deste mundo terreno,
Um dia, desaparecerão e deixarão de existir.

∽ O Que É Reencarnação? ∽

O Caminho da Felicidade

Portanto, amados discípulos,
Enquanto viverem neste mundo,
Sempre que surgirem dúvidas
Ou estiverem sofrendo para tomar alguma decisão,
Escolham o rumo que lhes permitirá
Seguir pelo caminho da iluminação.
Não percam tempo pensando nas outras coisas.
Não fiquem preocupados
Com seu estilo de vida, posição social ou fama.
Mesmo que vocês deixem essas coisas de lado,
Algum dia elas irão voltar a vocês.
No entanto,
Se abandonarem o caminho da iluminação,
Será muito difícil
Conseguir retornar a ele.

Amados discípulos,
Lembrem-se das palavras que vou dizer agora.
Vocês têm noção do quanto é difícil
Ter nascido na época
Em que Buda está encarnado?
Nascer no mundo terreno
Na mesma era em que Buda está encarnado
É uma felicidade inestimável.

Abençoados são aqueles que nasceram
Na mesma época e na mesma região.
Bem-aventurados aqueles
Que conseguirem ver Buda pessoalmente.
Bem-aventurados aqueles
Que conseguirem ouvir a voz
E ver o rosto de Buda.
Esta é uma felicidade que equivale a dezenas
Ou centenas de milhões de anos de felicidade.

Conseguir nascer na mesma época
Em que Buda desceu à Terra
É um evento muito raro.
Saibam que conseguir vê-Lo,
Ouvir Seus ensinamentos
E elevar o próprio grau de iluminação
Graças a esses ensinamentos
É uma felicidade única e rara.
Só o fato de simplesmente nascer
Na mesma época da descida de Buda
É uma coisa rara.
Ser capaz de ver Buda com os próprios olhos
Também é algo raro.
Ah, como é fantástico e raro ver Buda
E ter a chance de receber Dele a iluminação.
Saibam que, para alcançar essa grande felicidade,
É preciso tomar a decisão de abrir mão de tudo.

O Que É Reencarnação?

Mesmo que tenham de abandonar todas as coisas,
Não hesitem em entrar
Nesse caminho da iluminação.
Nunca se esqueçam disso.
Lembrem-se da escolha que farão,
Pois, ao deixar este mundo,
Precisarão deixar para trás todos os seus apegos.
Não poderão levar com vocês
Nada deste mundo material.
E não importa quem vocês sejam,
Cada um só poderá viver neste mundo
Por cerca de 100 anos.
Pensem: o que poderão levar com vocês
Quando chegar a hora de deixar este mundo?
O que podemos levar de volta
É somente o nosso coração, nossa mente.
Por isso, não há outro jeito
A não ser buscar realizações
Que preencham sua mente de felicidade.
A melhor maneira de preencher
Seu coração de felicidade
É experimentar a alegria de elevar sua iluminação.
Se conseguirem preencher sua mente
Com a verdadeira felicidade,
Então, poderão dizer que sua vida foi um sucesso.
Portanto, apostem tudo o que têm
Para obter essa felicidade.

Descobertas Diárias, Emoções Diárias

Contudo, preciso alertá-los de que
Há muitas pessoas
Que conseguem se dedicar a esse propósito
Apenas por um momento.
Não é algo tão difícil uma pessoa devotar
Momentaneamente sua vida a Buda,
Aos seus ensinamentos,
Na tentativa de obter a iluminação.
No entanto, a grande maioria
Acaba desistindo e se esquecendo daquele sentimento
E retorna à sua vida corriqueira.
Não se esqueçam de que, sem aquele sentimento
E a noção do quanto é preciso trilhar
O caminho da iluminação,
Vocês cairão e viverão uma vida sem sentido,
Como se contassem as pedrinhas
Às margens de um riacho.

Ouçam bem.
O caminho do aprimoramento espiritual
Deve ser preenchido por descobertas e emoções
Vividas diariamente.
Se vocês não conseguem mais
Sentir o toque em seu coração,
É porque se tornaram arrogantes e presunçosos.

~ O Que É Reencarnação? ~

Os que se julgam superiores e orgulhosos
Não conseguirão atravessar o portal da iluminação.
Os presunçosos serão expulsos dali
Por esse mesmo portal.
Irão rolar de volta
Pelo mesmo caminho por onde vieram.

Amados discípulos,
A vitória na vida depende disso.
Qualquer um é capaz de tomar decisões temporárias.
No entanto, o mais difícil
É conseguir mantê-las.
Aqueles que forem capazes de mantê-las
Com certeza irão alcançar
Um estágio ainda mais elevado.
O Céu e a Terra irão se regozijar
E isso irá levá-los a triunfar na vida.

A Presente Vida e a Próxima Encarnação

Amados discípulos,
Continuem ouvindo minhas palavras.
A felicidade de vocês não se limita apenas
À presente encarnação.
O tipo de felicidade encontrada neste mundo,
Nesta encarnação, indicará claramente

O mundo para onde retornarão
Depois que deixarem a Terra.
O estado do coração que vocês tiverem alcançado
Nesta encarnação
Irá determinar o reino espiritual
Onde vocês deverão viver na próxima vida.
Certamente, vocês já estudaram que
Existem muitos níveis no mundo espiritual.
O nível mais baixo
É um mundo chamado de inferno.
Logo acima desse nível do inferno
Há um mundo onde vivem as pessoas
Que ainda não estão espiritualmente despertas.
Acima desse, há o mundo das pessoas bondosas.
Logo depois existe um mundo
Onde vivem os grandes espíritos elevados.
Enfim, o mundo espiritual está dividido
Em dezenas de camadas.
Nem mesmo os que vivem lá
Conhecem todos os detalhes.
No entanto, a verdade é esta.
O lugar que vocês chamam de céu
Está dividido em várias camadas,
E o reino para o qual vocês irão
Será claramente determinado
Pelo estado do coração de cada um.

∽ O Que É Reencarnação? ∽

Enquanto vivem na Terra,
Os diferentes resultados que vocês obtêm
Se manifestam de acordo com seus esforços,
Sua condição física ou suas habilidades.
No entanto, o mundo que os aguarda na próxima vida
Está baseado apenas no nível de seu estado mental.
Se o estado de seu coração é elevado,
Então irão para um mundo mais elevado.
Se sua mente não for refinada o suficiente,
Irão para um mundo de nível inferior.
Saibam que não existem outros critérios.
Mas é preciso entender
Que as pessoas que vão para o inferno
Nem sempre são aquelas
Que foram malsucedidas neste mundo.
Pelo contrário, lá existem muitas pessoas
Que foram bem-sucedidas na vida na Terra.
A razão é que elas eram incapazes
De se alegrar com a felicidade alheia
E, por isso, pensavam somente na própria felicidade.
Essas pessoas estão sofrendo no inferno
Porque procuraram e conquistaram sua felicidade
Sacrificando a felicidade dos outros.

A causa do sofrimento de uma pessoa
Que está no inferno
É o ressentimento das pessoas que ela fez sofrer

Devido ao seu sucesso enquanto estava viva.
Uma pessoa no inferno sofre porque continua a sentir
As vibrações emocionais de dor e sofrimento
Daquelas pessoas cuja felicidade foi sacrificada
Para que conseguisse ter sucesso.
A dor e o sofrimento daquelas pessoas
São recriados na alma da pessoa que está no inferno.
Desse modo,
A pessoa colhe seu próprio carma no inferno.
É assim o mundo da mente.
Como neste nosso mundo a alma fica entorpecida
Por residir num corpo físico,
Você pode não ter consciência
Das emoções e sentimentos
Que as outras pessoas nutrem em relação a você.
No entanto,
Se tivesse neste mundo a mesma sensibilidade
Que terá no mundo espiritual,
Sentiria as agonias do inferno
Estando ainda nesta vida.
Sentiria as vibrações infernais dos outros
Enquanto estivesse vivendo aqui na Terra.
Continuamente partem pessoas deste mundo,
E, pela primeira vez,
Tornam-se cientes dessas vibrações
E desses sofrimentos.
Mas não é o caso zombar dos sofrimentos delas,

O Que É Reencarnação?

Porque quem ridiculariza essas pessoas
Tem também uma elevada chance
De se tornar igual a elas.

Devo transmitir aos que estão na Terra
Que nem sempre os que obtêm sucesso
Neste mundo conseguem voltar
Para o Mundo Celestial mais elevado.
Um status social elevado nesta vida
Não garante um status elevado na próxima.
Ao contrário,
Saibam que, quanto maior for seu status nesta vida,
Maior poderá ser a dor da queda.
Evidentemente, o outro mundo,
O mundo celestial, é maravilhoso.
E, realmente,
Cada pessoa vai para um reino diferente do céu,
Compatível com seu estado mental.
Mas, em comparação com o inferno,
Qualquer um dos níveis
Do mundo celestial é maravilhoso.
Os que aqui viveram corretamente
E com um coração puro
Não terão dificuldades
Em serem bem recebidos no mundo da paz.
É muito natural que essas pessoas
Voltem para um mundo

Repleto de paz e alegria.
Em contraste com isso,
Os que viveram em meio às turbulências
De aflições e sofrimentos
E não se aprimoraram para superá-las
Continuarão sua agonia também no outro mundo.

Portanto, a primeira condição para a iluminação
É vocês se conscientizarem de que
Os sofrimentos e as aflições
Não devem ser levados
De volta com vocês para o outro mundo.
Em outras palavras,
Vocês devem despertar das suas ilusões,
Livrando-se das preocupações
E superando seus sofrimentos
Aqui e agora, nesta encarnação.
Um mundo de aflições
Espera por aqueles que partem deste mundo
Com o coração aflito.
Um mundo de agonia
Aguarda aqueles que partem deste mundo
Com o coração em agonia.
Um mundo de tristeza
Aguarda aqueles que partem deste mundo
Com o coração repleto de tristezas.
No entanto, aqueles que partem deste mundo

O Que É Reencarnação?

Com o coração repleto de felicidade
Serão acolhidos em um mundo de alegria.

O Evangelho da Esperança

Amados discípulos,
Vocês devem manter os ensinamentos de Buda
No centro do seu aprendizado.
Façam dos ensinamentos de Buda
O principal pilar dos seus estudos.
Procurem estudá-los sempre,
Absorvendo-os em seu coração.
Dia a dia, vivam sua vida da maneira correta,
De acordo com esses ensinamentos.
É de extrema importância que vocês vivam a vida,
A cada dia, da maneira correta.
Procurem sempre controlar sua mente
Com base no conhecimento da Verdade de Buda.
Lembrem-se de governar a mente
E dominar o próprio eu
Com base no seu conhecimento da Verdade de Buda.
O conhecimento irá servir
Para vocês controlarem suas emoções.
Grande parte dos seus erros
São causados pelas suas emoções.
Muitos de seus erros

Vêm de seus sentimentos e pensamentos.
O conhecimento correto da Verdade de Buda
Irá governar essas coisas.
Vocês devem dominar seus pensamentos e emoções
Por meio da correta compreensão
Da Verdade de Buda.

Amados discípulos,
De qualquer modo, vocês contam
Com o evangelho da esperança.
Regozijem-se nele, pois ele diz
Que nada do que vocês aprenderem nesta vida
Será desperdiçado.
Nem tudo o que vocês aprendem nesta vida
Terá utilidade em sua vida atual.
No entanto, aquilo
Que vocês aprenderem nesta vida
Certamente será útil na próxima encarnação,
Sua vida depois desta.
Quando partirem deste mundo,
Vocês viverão centenas de anos ou talvez mais
No Mundo Real.
Então, quando sua alma desejar dar
Seu próximo passo no treinamento,
Ela irá assumir uma nova forma
E passará a viver neste mundo terreno
Novamente em um corpo físico.

∽ O Que É Reencarnação? ∽

Vocês irão, em outras palavras, nascer,
Crescer e experimentar vários desafios.
Portanto, como podem ver, tudo o que tiverem obtido
Por meio do seu treinamento nesta vida
Com certeza será útil a vocês
No treinamento da sua próxima vida.
Irá revelar-se útil,
E com certeza irá guiá-los na direção correta
E os conduzirá a um bom caminho.
Assim, o que tiverem conquistado
No seu treinamento nesta vida
Não serão méritos limitados a esta vida;
Eles transcenderão a vida presente
E com certeza lhes trarão felicidade
Em suas vidas futuras.
Portanto, não se preocupem com o sofrimento
Que experimentarem em seus esforços
Durante seu aprimoramento.
Os efeitos das realizações
Que tiverem conseguido nesta vida
Não se limitam apenas a esta vida.
O que vocês obtiverem nesta vida se tornará um poder
Que irá mudar fundamentalmente sua alma.
O que vocês conquistam nesta vida
Faz parte do treinamento
Para que sua alma fundamentalmente ganhe poder.
Assim, sabendo o quanto é precioso o treinamento

Que vocês fazem agora, não tenham medo dele.
Vocês sabem o quanto a força espiritual
Tem condições de ser fortalecida?
Sabem o quanto o poder da dedicação
É capaz de realizar?
Mesmo quando vocês sentem
Que não consegum avançar mais,
Se prosseguirem em sua perseverança,
O poder que está oculto dentro de vocês
Será levado adiante.
Seu poder é ilimitado,
Porque a natureza de Buda reside em vocês.
Quando o poder de sua natureza búdica
Se manifestar, a energia brotará ilimitada.
A luz brilhará infinita.
Vocês não devem se cansar nunca
Ao caminhar em direção a Buda.
Vocês nunca se cansarão.
Você nunca serão prejudicados.
Mesmo que enfrentem problemas, sofrimentos,
Fadiga ou exaustão
Ao aprenderem e divulgarem
Os ensinamentos de Buda,
Aqueles que não desistirem de se esforçar
Serão com certeza levados
A um reino de luz e paz
Depois de abandonar este mundo.

O Que É Reencarnação?

Não resta muito tempo.
Vocês têm apenas algumas décadas de vida.
Devem viver para os ensinamentos de Buda.
Devem expressar esses ensinamentos
Em sua vida.
Devem dedicar sua alma a esses ensinamentos.

Amados discípulos, a partir de agora,
Esforcem-se diariamente
Para seguir essas Leis da Verdade.
Quanto mais levarem em conta
Os ensinamentos de Buda,
Quanto mais derem ouvidos a eles,
Quanto mais se dedicarem à sua prática,
Mais o aroma da iluminação
Irá encher o ar à sua volta.
Vocês conhecerão
O verdadeiro sabor da iluminação.
Não importa o quanto leiam
Ou ouçam a respeito desses ensinamentos,
Se não conseguirem fazer com que eles se tornem
O sustento da sua alma,
Será como uma colher de prata que recolhe a sopa,
Mas não sabe o sabor que tem.
Vocês devem se tornar pessoas
Capazes de saborear a iluminação.
Devem se tornar pessoas

Capazes de sentir o aroma da iluminação.
Tornar-se pessoas
Capazes de ouvir e distinguir
As melodias da iluminação.
Então, finalmente, poderão dizer
Que são de fato praticantes.
Logo, poderão dizer
Que o caminho da iluminação
Está aberto à sua frente.

CAPÍTULO 7

A Fé e a Construção do Reino Búdico na Terra

Meus amados discípulos,
Ouçam com atenção minhas palavras.
É hora de falar com vocês
A respeito da fé.

Quem é Buda ou Deus?

Muitos de vocês têm fé.
No entanto, eu pergunto:
Será que sabem mesmo o que significa ter fé?
Obviamente, ter fé significa ter o nobre pensamento
De voltar-se na direção de Buda ou Deus.
Sem isso, não existe fé.
Será que vocês têm consciência
Do que é Deus ou Buda
A quem devem devotar-se com fé?
Deus é chamado de diversas maneiras
Nas diferentes religiões do mundo.
Por isso, muitas pessoas ficam confusas
E não sabem em quem acreditar.

Porém, amados discípulos,
Às vezes não há como evitar isso.
Porque Buda, o Grande Espírito do universo,
É infinitamente grandioso, e sua existência
Vai muito além da compreensão humana.
O ser humano imagina o que é Buda ou Deus,
Tentando medir a grandeza Dele
Com as limitações de um corpo físico,
Com o conhecimento espiritual adquirido
E sua capacidade intelectual.
No entanto, deve ser capaz de entender

O Renascimento de Buda

Que existe uma força que ultrapassa muito
Os limites de sua compreensão.
É uma grandiosa força que possui sabedoria,
Possui luz,
Possui amor,
Possui misericórdia,
Está preenchida de pensamentos construtivos
E repleta de uma magnífica harmonia.
É o poder que integra tudo que existe de bom.
Esse é o poder de Buda.

Muitos de vocês não compreendem
A diferença entre Buda e Deus.
Talvez alguns de vocês achem que não há necessidade
De explicar essa diferença entre os dois.
Talvez pensem que os budistas
Chamam o Supremo Ser de Buda
E que outras religiões
Como o cristianismo e o xintoísmo
O chamam de Deus.
Mas preciso esclarecer o seguinte ponto:
Dentre as Entidades
Que são chamadas de Buda ou Deus,
Há vários Espíritos Superiores,
Seres divinos que se personificaram.
Embora as pessoas os chamem de Buda ou Deus,
Ambos referem-se a Espíritos Superiores.

Entretanto, há uma existência
Que está acima de todos os Espíritos Superiores.
Um Espírito Superior é um ser que se personificou
E já teve vida num corpo físico na Terra.
No entanto, vocês precisam saber que
O Buda Primordial,
O criador do Céu, da Terra e do Grande Universo,
Nunca irá descer à Terra num pequeno corpo físico
E passar por treinamento da alma.
Buda é uma grandiosa consciência espiritual
Que transcende infinitamente
A forma e a personalidade humana.

Talvez vocês pensem que
Conhecer essa Verdade irá enfraquecer sua fé,
Mas ouçam com atenção o que estou lhes ensinando.
Conhecer a Verdade irá torná-los mais poderosos.
Conhecer a Verdade irá fortalecer sua convicção,
E tornar ainda mais forte sua devoção a Buda.

Gratidão ao Grande Espírito do Universo

Portanto, sua fé deve ser direcionada
Antes de mais nada para Buda,
O Ser que rege o Grande Universo.
Vocês devem direcionar sua fé

Para a Grande Consciência Espiritual,
O soberano do Grande Universo.
Devem dedicar sua fé
À Consciência Integradora
Que governa o Grande Universo.
No entanto, vocês devem saber
Que esse Grande Espírito do vasto universo
Não é uma entidade personificada como ser humano.
Desse modo, não será Ele que irá atender seus desejos
Nem dará respostas aos seus problemas.
Assim como o Sol dá a luz,
Ele é o Buda
Que continuamente derrama sobre vocês
Ilimitadas bênçãos de amor, luz e energia.
Por isso, é importante sentir gratidão
E ter fé no Supremo Buda.
Vivam cada dia com o coração
Repleto de gratidão a Ele.
Ergam suas vozes em agradecimento a Buda,
O Senhor do Universo,
Que criou o universo
E continua a dar e manter a vida
De todos os seres que vivem nele.
Não há dúvida de que
A missão das pessoas que vivem na Terra
É sentir gratidão
Em relação ao Grande Espírito do Universo.

~ A Fé e a Construção do Reino Búdico na Terra ~

Reverenciar os Espíritos Elevados

Por outro lado, há os Espíritos Superiores,
Que alcançaram um alto nível de elevação,
Ensinam, guiam e amam vocês
E dão respostas aos seus problemas.
Vocês com certeza já estudaram isso anteriormente.
É muito natural que esses Espíritos Superiores
Se manifestem de várias maneiras
E apareçam diante dos humanos sob muitas formas.
Assim como as pessoas desta era moderna
Encontram indivíduos
De grande caráter e personalidade,
Que transcendem seu tempo e seu país,
O mesmo ocorre nas altas esferas.
No Mundo Celestial há diferenças
Entre os Espíritos Superiores,
Determinadas pelo mundo onde eles habitam.
Há seres cuja existência
É muito próxima do supremo Buda,
E há também aqueles
Que estão mais próximos dos seres humanos.

Os espíritos elevados vivem nas dimensões
Compatíveis com o nível de progresso de cada alma.
Eles residem em diferentes lugares do Mundo Celestial.
É necessário aceitar essa diversidade.

Mas, apesar disso,
É inegável que esses espíritos elevados,
Chamados de deuses,
Tenham realmente superioridade.
Os níveis em que eles se encontram e
O grau de sabedoria de cada um deles
São inalcançáveis pelos seres humanos,
Por mais sábios que sejam na Terra.
Lembrem-se sempre disso.
Portanto, é muito importante
Aceitar a superioridade deles e reverenciá-los,
Demonstrando respeito.

Ensinei que vocês devem
Expressar sua fé com gratidão
Em relação ao Supremo e
Grandioso Espírito do Universo.
Da mesma forma, devem ter fé e expressar gratidão
E reverência pelos Espíritos Superiores.
O que vem a ser o sentimento de reverência?
Significa ter uma postura de respeito
E veneração pelos Espíritos Superiores.
Nunca se esqueçam de demonstrar sua veneração
Pelas Entidades das Dimensões Superiores,
Pelos Espíritos Virtuosos,
Pela Sua grande liderança,
Por Seu grande amor,

Grande misericórdia e abundância.
Mesmo aqui no mundo terreno
Já é bem difícil ser ouvido
Por alguém em posição social mais elevada.
Da mesma forma, no mundo espiritual,
Que existe muito além deste planeta,
Há várias outras existências espirituais
Que transcendem muitíssimo
Qualquer aprimoramento
Que uma alma humana possa alcançar.
Por isso, é importante aceitar os Espíritos Superiores
E prestar-lhes máxima reverência, admiração e respeito.

Lembrem-se:
Esta é uma regra que deve ser seguida por todos,
Pois os Grandes Espíritos personificados
Foram no passado os pais espirituais de sua alma.
Foram também seus Mestres.
É preciso ter profunda e duradoura gratidão
Em relação aos Grandes Mestres e Guias Espirituais.
O trabalho de um Mestre espiritual
Não se limita apenas a esta vida;
Seus Mestres espirituais
Com certeza já lhes ensinaram muita coisa
Ao longo de suas muitas reencarnações.
É graças aos seus Mestres
Que vocês são capazes de viver felizes hoje.

É por causa de seus ensinamentos
Que vocês conseguem viver sem se desviar
Do Correto Caminho.
Se hoje vocês vivem com profunda fé,
Devem isso à orientação que receberam Deles,
Ao longo de suas reencarnações.
Vocês devem mostrar grande respeito
E reverência por essas orientações.

O Alicerce da Fé

Ensinei a vocês
Que existem dois alvos para se reverenciar:
Primeiro, o Grande Espírito do Universo,
Que vocês chamam de
Deus do Universo ou Buda Primordial,
E, depois, os Espíritos Superiores.
Em outras palavras, o alicerce da fé
É a atitude de devoção aos que lhe são superiores,
De respeito aos sábios,
Aqueles que têm poder, luz, sabedoria e amor.
Essa é uma postura sempre necessária
Pois Eles são aqueles
Que os estão guiando e orientando.
Essa é a correta atitude da fé.
A diferença entre os Espíritos Superiores

E os seres humanos é muito grande.
Talvez seja muito maior do que
A diferença entre um elefante e uma formiga.
Pensem como seria uma pequena formiga
Achar que está em condições de julgar um elefante.
Conseguem imaginar isso?
Como seria possível uma formiga julgar um elefante?
Seria extremamente difícil.
Mas o ser humano é assim,
Pois tenta julgar o grandioso Espírito Superior.
O ser humano jamais conseguiria
Captar a grandeza e totalidade
De um Espírito Superior.
No entanto, vocês sabem no fundo do coração
Que os ensinamentos provenientes
Dos Espíritos Superiores,
Como o budismo, o cristianismo e outras religiões,
São verdadeiros.
Olhem bem no fundo do próprio coração
E sentirão que já viram
Esses ensinamentos no passado.
Não é por essa razão que vocês sentem saudades
Quando leem os ensinamentos
Do budismo e do cristianismo?
Sentem uma indescritível saudade na alma,
Como se fosse algo muito familiar.
Não é surpreendente que,

Mesmo depois de milhares de anos,
As palavras dos seus Antecessores de Luz,
Transmitidas em diferentes eras
E em diferentes regiões do mundo,
Ainda lhes toquem o coração?
Como encarar esse fato?
Vocês acham isso algo natural ou incrível?

Na verdade, não há realmente
Mistério nenhum nisso, pois esses espíritos elevados,
Que têm ensinado as pessoas
Em muitas regiões e épocas diferentes,
Ainda estão agora, lá do Mundo Real,
Concedendo proteção e orientação a todos.
Agora, neste exato momento,
Vocês se encontram reunidos
Sob esta grandiosa força
Que os une e os guia para aprender o Darma.

Devoção a Buda

No entanto, devo lhes dizer mais ainda.
Além de vocês precisarem sentir devoção
E fé pelo Grande Espírito Primordial,
Que é o criador do universo,
E prestar reverência

A Fé e a Construção do Reino Búdico na Terra

Aos Grandes Espíritos Superiores
Que se encontram no Mundo Real,
O Mundo Celestial,
Há um outro Ser que precisam reverenciar.

Vocês devem reverenciar
O Buda reencarnado na Terra.
Ele é sagrado não simplesmente
Pelo fato de ser Buda.
Ele é sagrado por ter recebido do Buda Primordial,
O Grandioso Espírito,
Sua força, iluminação,
Luz, amor e misericórdia.
Por mais que se devotem ao Buda Primordial
E aos Espíritos Superiores do Mundo Real,
Se vocês não sentirem devoção
Ao Buda que desceu à Terra,
Então sua fé será falsa.
Pois foram os Sábios,
Os iluminados que desceram à Terra,
Que fundaram as grandes religiões
Do mundo no passado.
A voz, as filosofias e os ideais
Do Buda Fundamental
Não poderiam ter sido ensinados
Às pessoas deste mundo
Se não tivessem passado por pessoas assim.

Portanto,
O Buda Primordial do Grande Universo,
Os Espíritos Superiores do Mundo Real
E o Buda que está encarnado na Terra,
Que são igualmente sagrados,
Formam uma Trindade.
Sem que haja igual sentimento de devoção
A esses três Seres não haverá fé.
Mesmo que vocês escolham cultuar
Um ídolo do seu agrado,
Como representante do Deus criador do universo,
E que cultuem algum espírito elevado
Do Mundo Real,
Se não derem valor
Aos ensinamentos do Buda reencarnado
E virarem as costas aos seus ensinamentos,
Estarão indo contra a vontade do Grande Espírito.
Isso porque o Buda reencarnado
Foi investido pelo Grande Espírito do universo
Com toda a autoridade
Durante o período em que veio para reinar.
O Buda reencarnado desceu a este mundo
Com poder absoluto.
É Ele quem determinará os valores da época.
É Ele quem decidirá o que é correto para a época.
É Ele quem definirá o que é bom e é verdadeiro
Para a era em que veio à Terra.

A Fé e a Construção do Reino Búdico na Terra

Por isso, mesmo que vocês tenham
Um grande respeito por um ser do passado,
Ou mesmo que tenham um grande respeito
Pelo Buda ou Deus
Que reside nos cantos mais distantes do universo,
Se não tiverem respeito pelo Buda na Terra,
Não poderão ser considerados pessoas de fé.
Não poderão fazer parte
Daqueles que trilham o caminho da Verdade de Buda.
Não poderão ser incluídos
Entre os buscadores da luz da Verdade Búdica.
Todos os buscadores do caminho
Devem ter tal discernimento.

Desse modo, as pessoas que não possuem tal espírito
Irão se arrepender por centenas ou milhares de anos
Depois que deixarem este mundo.
Mesmo na época de Jesus,
Houve muitos que viveram em sua presença
Mas não acreditaram que ele era um Salvador.
Agora, milhares de anos mais tarde,
Essas mesmas pessoas que não acreditavam em Jesus
Vivem orando para a imagem de Jesus na cruz,
Nas igrejas cristãs.
Vocês nunca mais devem cometer esse engano.
Quando a Terra é abençoada com um Ser iluminado,
Não temam ter fé nele.

Quando um Ser Iluminado anda sobre a Terra,
Vocês devem regozijar-se por terem nascido
Na mesma época que Ele.
Devem venerá-Lo,
Acreditar Nele,
E se submeterem à sua autoridade.
Aqueles que negam, têm aversão
Ou tentam julgá-Lo à sua maneira,
Serão lançados ao abismo do erro.
Pois essa atitude equivale a negar
O Buda Primordial do Universo.
É o mesmo que cometer blasfêmia
Contra o Buda Primordial,
O supremo Deus Primordial.
O envio do Seu representante à Terra
É um consenso e desejo unânime
De todos os grandes espíritos divinos
E personificados do Mundo Celestial.
Quando Ele desce a este mundo,
A coisa mais certa a fazer
É estar em conformidade
Com o pensamento Dele.
Afirmo-lhes enfaticamente
Que esta é a atitude fundamental
Daqueles que têm fé.

A Fé e a Construção do Reino Búdico na Terra

Fé Absoluta

As Leis só podem ser reveladas
Quando as pessoas sentem devoção
Pelo Buda que está encarnado na Terra.
Se as pessoas não têm devoção pelo Buda reencarnado,
Então não é possível pregar as Leis verdadeiras.
As Leis verdadeiras não podem ser reveladas
Em meio a dúvidas.
A noção que se espalha em meio a dúvidas
Abre espaço para os demônios.
Em todas as eras, os demônios sempre procuraram
Infiltrar-se nas dúvidas das pessoas.
Eles se infiltram nas dúvidas das pessoas
E fazem com que elas nunca
Consigam entrar em acordo.
Induzem-nas a brigar
E discutir sobre questões irrelevantes.
Provocam conflitos em amizades
E rompimentos nos relacionamentos.
A intenção deles é privar as pessoas de sua fé.
É tumultuar o coração daqueles que creem.

Mas vocês não devem se deixar iludir.
Não deixem seu coração vacilar.
O que vocês são capazes de compreender
Com sua mente limitada?

O que é possível advir da compreensão
De sua pequena mente?
O que é que vocês serão capazes de entender
Com sua minúscula inteligência?
O que os leva a achar que sua mente pequena
E o seu limitado conhecimento
Têm condições de compreender a sabedoria de Buda?
Vocês conseguem por acaso ver as intenções
Do Grande Espírito Superior personificado
Que enviou o Buda reencarnado?
Zombem da própria insignificância.
Aceitem a pequenez do seu ser.
Aceitem que no momento
Vocês não estão em condições de julgar essas coisas.
Cuidado com a dúvida,
Pois ela abrirá seu coração para os demônios.
A desconfiança abre sua mente aos demônios.
O medo os torna vulneráveis ao mal.
Vocês não serão capazes de explorar a Verdade
Se abrigarem dúvidas, ceticismo e medo na mente.

Aqueles que estudam a Verdade de Buda
Devem explorar a Verdade da maneira correta.
Vocês não podem buscar a Verdade com desconfiança.
Uma mente que busca
Não deve ser influenciada pela desconfiança,
Nem hesitar.

Se vocês constatam esses pensamentos em sua mente,
É sinal de que estão se distanciando do caminho
Do aprimoramento espiritual.
Por duvidarem,
Não poderão mais ser considerados praticantes.

Meus queridos praticantes
E amados discípulos,
Se entre vocês houver alguém
Que sente a fé vacilar,
Discretamente afastem-se do grupo
E esperem sua mente se acalmar.
Esperem até que chegue esse momento.
Jamais abram a boca para fazer críticas.
Em vez disso, tranquilizem sua mente
E reflitam sobre o passado.
Meditem sobre a abundância
De luz e amor que têm recebido
E demonstrem gratidão por isso.
Não se esqueçam de ser gratos.
Nunca levantem dúvidas em relação à fé dos outros
Nem permitam que sua descrença atrapalhe os outros.
Saibam que esses pensamentos e ações
Irão conduzi-los às proximidades do inferno.
Mesmo que vocês tenham servido a Buda
Por quarenta anos, protegendo as Leis
E guiando as pessoas para a iluminação,

Se no último ano de sua vida
Vocês duvidarem do Darma,
Se distorcerem as Leis de Buda
E colocarem dúvidas na mente dos outros,
A queda para o inferno será inevitável.
Essa é a natureza da fé.
A fé é uma questão de tudo ou nada.
Não podemos falar que temos 99% de fé.
99% de fé é a mesma coisa que nenhuma fé.
A fé exige 100%, pois Buda é tudo.
E, pelo fato de Buda ser tudo, para conseguir tudo
Vocês têm de confiar nele totalmente.
Mesmo que tenham vivido 99 anos de sua vida
Tendo fé,
Se no último ano tornarem-se materialistas,
Com certeza irão para o inferno.
É importante que saibam sobre o rigor da fé.

O Pecado de Perturbar a Harmonia entre os Discípulos

O pecado de confundir e atrapalhar
Aqueles que entraram no caminho da Verdade
E praticam os ensinamentos
É especialmente grave.
É conhecido como o pecado

De perturbar a harmonia do Sanga,
Isto é, a harmonia entre os discípulos.
Os indivíduos que entram no meio daqueles
Que se reúnem sob a Verdade de Buda
Progridem juntos e vivem em fé juntos,
Mas passam a desejar privá-los de sua fé,
Fazendo com que duvidem,
Causando-lhes inquietações e confusão,
São culpados pelo pecado de perturbar a harmonia
Entre os discípulos.
Não é fácil obter perdão por esse pecado.
Esse pecado tem uma proporção tão colossal
Que até mesmo o assassinato, o roubo e a agressão
Parecem insignificantes comparados com ele.
Se vocês cometerem um assassinato,
Estarão apenas separando
A alma da vítima do seu corpo físico.
Se cometerem uma agressão,
Estarão apenas infligindo
Dano físico à vítima.
Mas aqueles que promovem confusão nas pessoas
Que vivem com um Correto Coração,
E que estão fazendo esforços diligentes,
Serão culpados por causar-lhes angústia mental,
Degradação de sua alma,
E por iludi-las.
Esse pecado é de fato gravíssimo.

Pessoas que enganam os crentes
Privando-os de sua fé
Terão de aguardar um longo tempo no inferno
Até conseguirem se arrepender de seu erro.
Portanto, nunca cometam esse pecado.

Procurem o Caminho com Humildade

Ensinei a vocês muitas coisas sobre a fé,
Meus amados discípulos.
Vocês, como pessoas que vivem nesta era moderna,
Talvez pensem que a fé seja algo sem importância.
Talvez a vejam como coisa ultrapassada.
No entanto, digo-lhes
Que a Verdade Búdica existe em todas as eras,
Pois a Verdade transcende o tempo.
Ela existe além do tempo
E é resplandecente em todas as eras.
A essência mais importante da Verdade de Buda
É igual em todas as eras.
Essa Verdade não pode ser pisoteada.
Sua existência não pode ser desrespeitada.
Vocês precisam compreender que
A Verdade da era de Buda Shakyamuni
Continua verdadeira na era de Jesus Cristo,
E verdadeira também hoje.

A filosofia fundamental de Buda é imutável.
Assim, tenham consciência
De que vocês ainda são pequenos.
Saibam que ainda não amadureceram totalmente.
Compreendam que precisam continuar buscando
O caminho com grande humildade.
Nunca fiquem convencidos.
A arrogância é o oponente mais temível
Que um seguidor da prática espiritual e religiosa
Poderá enfrentar.
Não importa o quanto
Vocês se dediquem ao aprimoramento,
Se não conseguirem superar a arrogância,
Seu treinamento terá sido
Irremediavelmente desperdiçado.
Em apenas uma noite, todo o seu treinamento
Vai desparecer como uma bolha de sabão.

Meus queridos praticantes,
Vocês devem temer a arrogância mais do que tudo.
Fiquem alerta contra a presunção.
Saibam que a presunção é seu maior inimigo.
A presunção é o desejo de satisfazer a si mesmo.
É a atitude mental de quem deseja mimar a si mesmo.
É o desejo de que tudo seja feito em seu proveito.
É o desejo que a pessoa tem
De que as coisas corram do seu jeito.

Se vocês começarem a desejar
Que todas as coisas sejam conforme sua conveniência,
Os demônios irão se insinuar em seu coração
E cochichar no seu ouvido
Aquilo que gostariam de ouvir.
Então, conforme passarem a acreditar nessas palavras,
Vocês irão de maneira lenta e inevitável
Começar a se distanciar das verdadeiras Leis.
Portanto, estejam atentos
Para não se tornarem arrogantes.
Sejam rigorosos com vocês.
Exijam sempre mais de vocês.
Sejam sempre humildes;
Não se tornem arrogantes.
Não se tornem orgulhosos.
Nunca se esqueçam de se devotar ao seu Mestre.
Nunca se esqueçam de reverenciar seu Mestre.
Sigam adiante com humildade,
Plantando um pé de cada vez no chão, com firmeza,
Pois este é o caminho do praticante fiel.

Mesmo que Percam a Vida Terrena

Amados discípulos,
Tenho ensinado a vocês o valor da fé.
Não importa a era, a fé sempre será fundamental.

A Fé e a Construção do Reino Búdico na Terra

Se algum dia vocês precisarem tomar a decisão
De escolher entre sua vida e sua fé,
Escolham sem hesitar sua fé.
Se escolherem a fé,
Não perderão sua vida eterna.
Vocês devem permanecer em glória eterna.
No entanto, se escolherem sua vida
Ao serem colocados diante dessa escolha,
Irão se arrepender amargamente
Depois de abandonarem este mundo.
Mesmo que tenham tido uma forte determinação
E uma vontade inabalável
Em seus incontáveis treinamentos,
O fato de vocês terem cedido
A essa estúpida tentação
E de terem abandonado o caminho da fé
Irá continuar como uma mancha de desgraça
Por centenas e milhares de anos
Depois que vocês deixarem este mundo.
O arrependimento da sua alma não conhecerá fim.
Comparado ao arrependimento que sua alma sentirá,
A mutilação de seu corpo por uma serra
Iria lhes parecer algo tolerável.
O sofrimento e a agonia são inimagináveis.
Vocês conseguem conceber como será dura a vida
Daquelas almas que abriram mão de sua fé
E pecaram contra seu Mestre, o grande Buda,

Quando Ele desceu à Terra no passado?
Portanto, perder sua fé é muito pior do que morrer.
Mesmo que vocês percam sua vida,
Jamais devem perder sua fé.
Nunca abram mão de sua fé,
Ainda que seja para obter cargos, fama ou dinheiro
Ou realizar seu desejo sexual.
Virá um tempo de testes em sua vida
No qual vocês terão de pensar profundamente
E fazer escolhas importantes.
Se vocês trabalham em uma empresa,
Talvez precisem escolher entre
A fé e um cargo ou uma posição de prestígio.
Se vocês conquistaram uma posição social de destaque,
Talvez tenham de escolher entre a fé e a fama.
Talvez precisem se decidir entre a fé e o dinheiro.
Talvez tenham de escolher entre
A fé e o afeto da sua esposa ou esposo.
No entanto, não importa
O que vocês coloquem na balança,
Nada pode pesar mais do que a fé.
Vocês precisam saber
Que a fé é o que liga vocês a Buda,
A fé prende vocês a Buda,
E a fé faz com que vocês se tornem unos com Buda.
Digo a vocês que não há nada no mundo
Que supere Buda.

A Fé e a Construção do Reino Búdico na Terra

Não importa o que tenham de comparar com ele,
Seja ouro, prata ou todos os tesouros do mundo,
Nada poderá valer mais do que Buda.
Ter fé é estar unido a Buda.
Essa sensação de estar unido a Buda
Nunca deverá ser esquecida, porque sem essa fé
O Reino Búdico na Terra
Jamais poderá ser construído.

Se Não Houver Fé...

Muitos de vocês estão trabalhando intensamente
Pelo ideal de construir o Reino Búdico na Terra.
O Reino Búdico
É um ideal que queremos concretizar.
Não é de forma alguma
Uma terra mundana ou superficial.
O verdadeiro Reino Búdico é um mundo
Que está de acordo com a vontade de Buda,
Um mundo que segue os ideais de Buda.
São essas as condições
Que definem um verdadeiro Reino Búdico.
O que devemos fazer, então,
Para construir um mundo e uma sociedade
Que estejam de acordo com o desejo de Buda?
A fé deve ser o alicerce desse mundo.

Em outras palavras, se o Reino Búdico
Tiver de ser construído nesta nação,
Todas as pessoas deverão despertar para a fé.
Se você quiser que o Reino Búdico se expanda
Para outros países e continentes,
Como América do Sul, América do Norte,
Europa ou Ásia,
Se quiser construir o Reino Búdico
Em todas as nações ou países do mundo,
Deverá antes de mais nada
Estabelecer um terreno firme para a fé
Em todas as nações.
De fato, sem a fé, tudo será estéril.
Você obtém a verdadeira educação pela primeira vez
Quando associa a fé ao aprendizado.
Sem o alicerce da fé,
Não importa o rigor com que você
Se dedique do ponto de vista acadêmico,
Não conseguirá obter uma verdadeira educação.
Essa educação será, no máximo,
Um conhecimento científico
Ou um acúmulo de conhecimento materialista
Que nega a existência de Buda.
Você não pode chamar isso de verdadeira educação.
A verdadeira educação deve ter como base a fé.
Com esse alicerce torna-se possível
Adquirir uma verdadeira educação

A Fé e a Construção do Reino Búdico na Terra

E que o mundo seja preenchido
De pessoas verdadeiramente cultas.
Então, a paz deverá se espalhar pelo mundo inteiro.

Meus filhos,
Esta é uma Verdade que se mantém em todas as eras.
Se vocês desejam construir o Reino de Buda na Terra,
Devem primeiro preencher seu país ou região
Com pessoas maravilhosas
Que tenham fé, e que serão seu alicerce.
Uma nação nunca se transformará no Reino Búdico
Se nela houver pessoas que não possuem fé.
Portanto, devemos cultivar pessoas
Que acreditam em Buda e têm a fé correta.
Com certeza,
Os pais devem ensinar seus filhos a ter fé,
Pois esta é a maior responsabilidade dos pais.
É a coisa mais importante que
Os pais podem ensinar aos filhos.
Se os pais negligenciam essa responsabilidade,
O que mais podem eles ensinar a seus filhos
que seja mais importante do que a fé?
Não há nada mais importante.
Se você falhar nessa responsabilidade,
Estará na verdade negligenciando seu dever de pai.
Muitos pais e mães deste mundo
Perguntam o que devem ensinar aos filhos.

Mas eu digo a todos
Que a educação sem fé é inútil.
Sem acreditar em Buda,
Toda educação conduzirá a nada.
Porque nenhum fruto pode resultar dessa educação.
Nenhuma colheita é possível
A partir desse tipo de educação.
Ao contrário, uma educação assim
Só produzirá pessoas prejudiciais ao mundo.
Se você quer obter uma boa colheita,
Primeiro deve preparar o solo.
Arar o solo é um passo vital.
Depois que o solo estiver arado,
Plante boas sementes.
Depois de plantar boas sementes,
Fertilize-as adequadamente
E dê-lhes água suficiente.
Depois, seu cultivo irá crescer
E dará muitos frutos.

A Utopia Começa em Casa

Como foi dito, preparar uma boa base
É um pré-requisito para a fé.
Uma boa base é a família que convive em harmonia.
É vital que ambos os pais tenham uma fé sólida

E convivam em harmonia,
Pois é em casas harmoniosas
Que as boas sementes dão frutos.
Em outras palavras, é em tais casas
Que crianças maravilhosas são criadas.
Quando vocês cuidam dos filhos,
Lembrem-se do que ocorre com as plantas:
Elas deverão ser aguadas e fertilizadas.
A água é essencial;
É a coragem de enfrentar os desafios da vida.
O fertilizante são as palavras da Verdade de Buda.
É a sabedoria.
São as palavras de sabedoria.
Vocês devem ensinar a seus filhos
As palavras da Verdade Búdica,
As palavras de sabedoria
Que darão a eles a coragem de viver
E a esperança que irá guiá-los pela vida.
Então, suas crianças crescerão saudáveis
E se tornarão pessoas de valor na sociedade.
Assim, a criação da Utopia deve começar em casa.
É extremamente importante
Que a construção do Reino Búdico
Comece em casa, pois até mesmo
Uma população de um bilhão de pessoas
Está dividida em unidades familiares
De cerca de quatro ou cinco membros.

É difícil fazer um bilhão de pessoas
Se dedicarem a construir a Utopia na Terra.
Mas é mais fácil construir
Essa Utopia do Reino Búdico
Dentro de uma família de quatro ou cinco membros.
Esse é o padrão básico de todas as coisas.
Todas as coisas devem começar dentro
De pequenas unidades do todo.
Depois que se constrói a Utopia em casa,
Então, pela primeira vez,
Ela pode ser construída na sociedade.
Depois disso é que será possível
Construir uma nação Utópica.

Assim, amados discípulos,
Ouçam bem as palavras que vou dizer agora.
Vocês não devem negligenciar sua família.
Gravem no coração
Que o Reino de Buda só poderá ser construído
Se vocês cumprirem suas responsabilidades em casa.
Mesmo que tomem parte
Numa grande causa de caridade,
Mesmo que ajudem muitos refugiados,
Mesmo que doem uma grande quantia de dinheiro,
Mesmo que pratiquem atos de devoção,
Se negligenciarem sua família
Sua fé não será verdadeira.

Quando vocês trazem felicidade
A todos que estão à sua volta,
A Verdade Búdica ganha sentido
Pela primeira vez.
Primeiro, transformem sua comunidade,
Seu local de trabalho e sua casa em uma Utopia.
Compreendam que,
Se vocês não conseguirem fazer isso,
Não conseguirão transformar o mundo inteiro
Em uma Utopia.
Valorizem essa simplicidade.
Que poder é esse
Que consegue transformar sua casa
Em uma Utopia?
Vocês acham possível um estranho aparecer
E transformar sua casa em uma Utopia
Enquanto vocês evitam assumir
Suas responsabilidades familiares
E se comprometer com a harmonia do lar?
Se for assim, a Utopia nunca irá se concretizar.
Pois serão vocês que estarão
Criando desarmonia em sua casa.
Além disso, não apenas vocês,
Mas cada um dos membros da família,
Têm responsabilidade pela desarmonia.
Portanto, primeiro é preciso
Criar a Utopia dentro de si mesmo.

Também quero dizer algo
Às mulheres de hoje,
Que têm se esquecido
Das suas responsabilidades mais importantes.
Como eu disse,
A fim de transformar este mundo em uma Utopia,
Primeiro vocês devem criar uma Utopia em casa.
Essa é sua missão,
A que lhes foi dada por Buda.
Mesmo que desejem construir uma Utopia no mundo
Alcançando sucesso no âmbito dos negócios,
Se vocês abandonarem o trabalho
De construir uma Utopia em casa,
Não terão como criar a Utopia no mundo.
Lembrem-se de que abandonar essa tarefa
De modo algum é desejável
Aos olhos de Buda.
A partir de agora,
Aquelas mulheres que negligenciarem suas famílias
Não poderão mais ser consideradas ascetas.
Os ascetas devem cuidar de suas famílias.
Se vocês têm esposa, cuidem bem dela.
Se têm marido, cuidem bem dele.
Se têm filhos, cuidem bem deles.
Se têm pais, cuidem bem deles.
Saibam que, se vocês não valorizarem
A harmonia de sua família,

Então não estarão aptas
A um treinamento espiritual de verdade.
É por isso que me dirijo às mulheres de hoje,
Não importa quanto reconhecimento mundano
Essas mulheres possam receber,
Não importa quanto sucesso mundano consigam,
E não importa o quanto tenham na poupança,
Pois, se deixarem a família dividida
E um lar destruído,
Estarão preparando o caminho para o inferno.
Sim, o ensinamento de Buda está manifestado
Nesta afirmação.

Ah, multidão de mulheres,
Será que é tão vergonhoso assim
Transformar seu lar em uma Utopia?
Será que o trabalho de transformar seu lar
No Reino Búdico lhes parece
Sem verdadeira importância?
Se vocês não fizerem esse trabalho,
Quem mais poderá fazê-lo?
Negligenciando essa responsabilidade sagrada,
Arrastadas pelas tendências levianas do mundo,
Envolvidas pelas coisas que todo mundo diz,
Vocês acabarão perdidas pelas ruas,
Como se estivessem embriagadas.
Nunca negligenciem seu lar.

Do Coração para o Mundo

A base de toda Utopia
Está na harmonia do seu lar.
Sem essa harmonia,
A Utopia não acontecerá.
A harmonia corresponde a 90% do trabalho
De criar a Utopia.
Conseguir a Utopia em casa
Corresponde a 90% do trabalho
De construir o Reino Búdico neste mundo.
A Utopia global somente será realizada
Depois que esse trabalho tiver sido cumprido.
O trabalho restante será de apenas 10%.
Os restantes 10% do trabalho
Consistem em conduzir toda a sociedade
E a nação toda para que desencadeiem
Imagens de harmonia e prosperidade.
Esta é a meta seguinte que vocês deverão eleger.
No entanto, pergunto a vocês,
Se cada família construir a Utopia no lar,
Será possível que a sociedade não funcione bem?
Será possível que a nação não funcione bem?
Só quando cada indivíduo brilha com a luz
De uma harmonia transbordante
É que o mundo começa a se tornar um lugar melhor.
Quando todas as queixas e insatisfações

Tiverem desaparecido de todos os lares,
Que tipo de problema difícil restará
Para a nação enfrentar?
Todos os problemas provavelmente não serão
Nada além de sustos infundados.
Nada além de medos injustificados.
Sim, estou dizendo a vocês que,
Quando a Utopia for criada,
Haverá pouco trabalho a ser feito pela nação.
O trabalho de uma nação chegará ao seu fim
Quando a nação inteira se tornar
Um conjunto de famílias harmoniosas e utópicas.
É esse o tipo de mundo que devemos idealizar.
Devemos descartar essa ideia
De que a Utopia é construída
Por meio do poder e da intervenção de outras pessoas.
Começando pelas pequenas coisas,
Começando pelo coração de cada pessoa,
Vocês encontrarão uma maneira
De transformar o mundo todo em uma Utopia.
Estas são as imutáveis, imperecíveis e eternas Leis,
Que vêm atravessando eras.
Estas são as Leis Eternas.
Gravem-nas bem no fundo do coração.
Transformem-nas em parte integrante de sua vida,
Para não se esquecerem delas
Nem por um só momento.

Posfácio

Ao escrever este livro, usei um método de escrita diferente do utilizado em todos os outros. Redigi o texto na forma de uma mensagem a todos os que buscam o aprimoramento espiritual. Dirigi este livro aos discípulos, monges e monjas, ou, em termos modernos, a todos os homens e mulheres que buscam a Verdade.

Algumas partes da minha mensagem podem parecer rigorosas, mas o caminho da Verdade transmitido por Buda realmente exige grande disciplina. É impossível alcançar o topo da montanha da Verdade Búdica se a pessoa não se empenhar totalmente em seus esforços.

Portanto, acredito que existem duas maneiras pelas quais esta obra pode ser lida. Primeiro, para os leitores que já estão seguindo o caminho da Verdade Búdica, este material servirá como um lembrete e uma advertência sobre o rigor desse caminho. Segundo, para aqueles que estão hesitando em cruzar o portal da Verdade, este livro servirá como um manual de introdução, revelando o longo caminho que se estende à sua frente.

Em ambos os casos, acredito que vocês irão entender que a verdadeira intenção de Buda está revelada nestas páginas. É meu sincero desejo que vocês leiam e releiam minhas palavras muitas vezes.

Ryuho Okawa
Julho de 1989

Posfácio à Nova Edição

Meus amados discípulos,
Sejam fortes.
Vençam todas as tentações mundanas,
Superem todas as visões errôneas
E reúnam-se à minha volta.
Vocês devem tomar a firme decisão
De procurar ouvir os sermões
Diretamente da boca dourada de Buda.
A flor de udumbara (lótus-azul)
Floresce a cada três mil anos,
E apenas um Buda tem permissão
De nascer a cada era determinada.
"Venham, juntem-se ao Buda renascido." – Este é o comando para todos os *bodhisattvas* da luz, anjos de luz que estão encarnados na Terra.

Ryuho Okawa
Outubro de 1994

Sobre o autor

O mestre Ryuho Okawa começou a receber mensagens de grandes personalidades da história – Jesus, Buda e outros seres celestiais – em 1981. Esses seres sagrados vieram com mensagens apaixonadas e urgentes, rogando que ele transmitisse às pessoas na Terra a sabedoria divina. Assim se revelou o chamado para que ele se tornasse um líder espiritual e inspirasse pessoas no mundo todo com as Verdades espirituais sobre a origem da humanidade e sobre a alma, por tanto tempo ocultas. Esses diálogos desvendaram os mistérios do Céu e do Inferno e se tornaram a base sobre a qual o mestre Okawa construiu sua filosofia espiritual. À medida que sua consciência espiritual se aprofundou, ele compreendeu que essa sabedoria continha o poder de ajudar a humanidade a superar conflitos religiosos e culturais e conduzi-la a uma era de paz e harmonia na Terra.

Pouco antes de completar 30 anos, o mestre Okawa deixou de lado uma promissora carreira de negócios para se dedicar totalmente à publicação das mensagens espirituais que recebeu do Mundo Celestial. Desde então, já publicou mais de 2.200 livros, tornando-se um autor de grande sucesso no Japão e no mundo. A universalidade da sabedoria que ele compartilha, a profundidade de sua filosofia religiosa e espiritual e a clareza e compaixão de suas mensagens continuam a atrair milhões de leitores. Além de seu trabalho contínuo como escritor, o mestre Okawa dá palestras públicas pelo mundo todo.

Sobre o Autor

Mais de 2.200 mil livros publicados

Os livros do mestre Ryuho Okawa foram traduzidos em 28 línguas e vêm sendo cada vez mais lidos no mundo inteiro. Em 2010, ele recebeu menção no livro *Guinness World Records* por ter publicado 52 livros em um ano. Ao longo de 2013, publicou 106 livros. Até maio de 2017, o número de livros lançados pelo mestre Okawa passou de 2.200.

Entre eles, há também centenas mensagens de espíritos de grandes figuras históricas e de espíritos guardiões de importantes personalidades que vivem no mundo atual.

Sobre a Happy Science

Em 1986, o mestre Ryuho Okawa fundou a Happy Science, um movimento espiritual empenhado em levar mais felicidade à humanidade pela superação de barreiras raciais, religiosas e culturais, e pelo trabalho rumo ao ideal de um mundo unido em paz e harmonia. Apoiada por seguidores que vivem de acordo com as palavras de iluminada sabedoria do mestre Okawa, a Happy Science tem crescido rapidamente desde sua fundação no Japão e hoje conta com mais de 20 milhões de membros em todo o globo, com templos locais em Nova York, Los Angeles, São Francisco, Tóquio, Londres, Paris, Düsseldorf, Sydney, São Paulo e Seul, dentre as principais cidades. Semanalmente o mestre Okawa ensina nos Templos da Happy Science e viaja pelo mundo dando palestras abertas ao público.

A Happy Science possui vários serviços de apoio às comunidades locais e pessoas necessitadas, como programas educacionais pré e pós-escolares para jovens e serviços para idosos e pessoas com necessidades especiais. Os membros também participam de atividades sociais e beneficentes, que no passado incluíram ajuda humanitária às vítimas de terremotos na China, no Japão e no Nepal, levantamento de fundos para escolas na Índia e doação de mosquiteiros para hospitais em Uganda.

Programas e Eventos

Os templos locais da Happy Science oferecem regularmente eventos, programas e seminários. Junte-se às nossas sessões de meditação, assista às nossas palestras, participe dos grupos de estudo, seminários e eventos literários. Nossos programas ajudarão você a:
- aprofundar sua compreensão do propósito e significado da vida;
- melhorar seus relacionamentos conforme você aprende a amar incondicionalmente;
- aprender a tranquilizar a mente mesmo em dias estressantes, pela prática da contemplação e da meditação;
- desenvolver habilidades de liderança;
- aprimorar seus conhecimentos para atuar na administração de empresas e negócios
- aprender a superar os desafios da vida e muito mais.

Seminários Internacionais

Anualmente, amigos do mundo inteiro comparecem aos nossos seminários internacionais, que ocorrem em nossos templos no Japão e também no Brasil. Todo ano são oferecidos programas diferentes sobre diversos tópicos, entre eles como melhorar relacionamentos praticando os Oito Corretos Caminhos para a Iluminação e como amar a si mesmo.

Contatos

BRASIL	www.happyscience.com.br
SÃO PAULO (Matriz)	R. Domingos de Morais 1154, Vila Mariana, São Paulo, SP, CEP 04010-100 55-11-5088-3800, sp@happy-science.org
Zona Sul	R. Domingos de Morais 1154, 1º and., Vila Mariana, São Paulo, SP, CEP 04010-100 55-11-5088-3800, sp_sul@happy-science.org
Zona Leste	R. Fernão Tavares 124, Tatuapé, São Paulo, SP, CEP 03306-030, 55-11-2295-8500, sp_leste@happy-science.org
Zona Oeste	R. Grauçá 77, Vila Sônia, São Paulo, SP, CEP 05626-020, 55-11-3061-5400, sp_oeste@happy-science.org
CAMPINAS	Rua Joana de Gusmão 187, Jardim Guanabara, Campinas, SP, CEP 13073-370 55-19-3255-3346
CAPÃO BONITO	Rua General Carneiro 306, Centro, Capão Bonito, SP, CEP 18300-030, 55-15-3542-5576
JUNDIAÍ	Rua Congo 447, Jd. Bonfiglioli, Jundiaí, SP, CEP 13207-340, 55-11-4587-5952, jundiai@happy-science.org
LONDRINA	Rua Piauí 399, 1º and., sala 103, Centro, Londrina, PR, CEP 86010-420, 55-43-3322-9073
SANTOS	Rua Júlio Conceição 94, Vila Mathias, Santos, SP, CEP 11015-540, 55-13-3219-4600, santos@happy-science.org

SOROCABA	Rua Dr. Álvaro Soares 195, sala 3, Centro, Sorocaba, SP, CEP 18010-190 55-15-3359-1601, sorocaba@happy-science.org
RIO DE JANEIRO	Largo do Machado 21, sala 607, Catete, Rio de Janeiro, RJ, CEP 22221-020 55-21-3689-1457, riodejaneiro@happy-science.org

INTERNACIONAL	www. happyscience.org

ÁFRICA

ACRA (Gana)	28 Samora Machel Street, Asylum Down, Acra, Gana, 233-30703-1610, ghana@happy-science.org
DURBAN (África do Sul)	55 Cowey Road, Durban 4001, África do Sul 031-2071217 031-2076765, southafrica@happy-science.org
KAMPALA (Uganda)	Plot 17 Old Kampala Road, Kampala, Uganda P.O. Box 34130, 256-78-4728601 uganda@happy-science.org, www.happyscience-uganda.org
LAGOS (Nigéria)	1st Floor, 2A Makinde Street, Alausa, Ikeja, Off Awolowo Way, Ikeja-Lagos State, Nigéria, 234-805580-2790, nigeria@happy-science.org

AMÉRICA

FLÓRIDA (EUA)	12208 N 56th St., Temple Terrace, Flórida, EUA 33617, 813-914-7771 813-914-7710, florida@happy-science.org

Contatos

HONOLULU (EUA)	1221 Kapiolani Blvd, Suite 920, Honolulu, Havaí, 96814, EUA, 1-808-591-9772, 1-808-591-9776, hi@happy-science.org, www.happyscience-hi.org
LIMA (Peru)	Av. Angamos Oeste 354, Miraflores, Lima, Peru, 51-1-9872-2600, peru@happy-science.org, www.happyscience.jp/sp
LOS ANGELES (EUA)	1590 East Del Mar Blvd., Pasadena, CA 91106, EUA, 1-626-395-7775, 1-626-395-7776, la@happy-science.org, www.happyscience-la.org
MÉXICO	Av. Insurgentes Sur 1443, Col. Insurgentes Mixcoac, México 03920, D.F. mexico@happy-science.org, www.happyscience.jp/sp
NOVA YORK (EUA)	79 Franklin Street, Nova York 10013, EUA, 1-212-343-7972, 1-212-343-7973, ny@happy-science.org, www.happyscience-ny.org
SÃO FRANCISCO (EUA)	525 Clinton St., Redwood City, CA 94062, EUA 1-650-363-2777, sf@happy-science.org, www.happyscience-sf.org
TORONTO (Canadá)	323 College St., Toronto, ON, Canadá, M5T 1S2, 1-416-901-3747, toronto@happy-science.org

ÁSIA

BANCOC (Tailândia)	Entre Soi 26-28, 710/4 Sukhumvit Rd., Klongton, Klongtoey, Bancoc 10110 66-2-258-5750, 66-2-258-5749, bangkok@happy-science.org

CINGAPURA	190 Middle Road #16-05, Fortune Centre, Cingapura 188979, 65 6837 0777/ 6837 0771 65 6837 0772, singapore@happy-science.org
COLOMBO (Sri Lanka)	Nº 53, Ananda Kumaraswamy Mawatha, Colombo 7, Sri Lanka, 94-011-257-3739, srilanka@happy-science.org
HONG KONG (China)	Unit A, 3/F-A Redana Centre, 25 Yiu Wa Street, Causeway Bay, 85-2-2891-1963, hongkong@happy-science.org
KATMANDU (Nepal)	Kathmandu Metropolitan City, Ward No-9, Gaushala, Surya, Bikram Gynwali Marga, House Nº 1941, Katmandu, 977-0144-71506, nepal@happy-science.org
MANILA (Filipinas)	Gold Loop Tower A 701, Escriva Drive Ortigas Center Pasig, City 1605, Metro Manila, Filipinas, 094727 84413, philippines@happy-science.org
NOVA DÉLI (Índia)	314-319, Aggarwal Square Plaza, Plot-8, Pocket-7, Sector-12, Dwarka, Nova Déli-7S, Índia 91-11-4511-8226, newdelhi@happy-science.org
SEUL (Coreia do Sul)	162-17 Sadang3-dong, Dongjak-gu, Seul, Coreia do Sul, 82-2-3478-8777 82-2-3478-9777, korea@happy-science.org
TAIPÉ (Taiwan)	Nº 89, Lane 155, Dunhua N. Rd., Songshan District, Cidade de Taipé 105, Taiwan, 886-2-2719-9377, 886-2-2719-5570, taiwan@happy-science.org
TÓQUIO (Japão)	6F 1-6-7 Togoshi, Shinagawa, Tóquio, 142-0041, Japão, 03-6384-5770, 03-6384-5776, tokyo@happy-science.org, www.happy-science.jp

CONTATOS

EUROPA

DÜSSELDORF (Alemanha)	Klosterstr. 112, 40211 Düsseldorf, Alemanha web: http://hs-d.de/ 49-211-93652470, 49-211-93652471, germany@happy-science.org
FINLÂNDIA	finland@happy-science.org
LONDRES (GBR)	3 Margaret Street, London W1W 8RE, Grã-Bretanha, 44-20-7323-9255 44-20-7323-9344, eu@happy-science.org, www.happyscience-eu.org
PARIS (França)	56, rue Fondary 75015 Paris, França 33-9-5040-1110 33-9-55401110 france@happy-science.org, www.happyscience-fr.org
VIENA (Áustria)	Zentagasse 40-42/1/1b, 1050, Viena, Áustria/EU 43-1-9455604, austria-vienna@happy-science.org

OCEANIA

AUCKLAND (Nova Zelândia)	409A Manukau Road, Epsom 1023, Auckland, Nova Zelândia 64-9-6305677, 64-9-6305676, newzealand@happy-science.org
SYDNEY (Austrália)	Suite 17, 71-77 Penshurst Street, Willoughby, NSW 2068, Austrália, 61-2-9967-0766 61-2-9967-0866, sydney@happy-science.org

Partido da Realização da Felicidade

O Partido da Realização da Felicidade (PRF) foi fundado no Japão em maio de 2009 pelo mestre Ryuho Okawa, como parte do Grupo Happy Science, para oferecer soluções concretas e práticas a assuntos atuais, como as constantes ameaças realizadas pela Coreia do Norte e pela China e a recessão econômica de longo prazo. O PRF objetiva contribuir para reformas imprescindíveis no governo japonês, a fim de garantir a paz e a prosperidade ao Japão. Para isso, o PRF propõe duas medidas principais:

1. Fortalecer a segurança nacional e a aliança Japão--EUA, que tem papel vital para a estabilidade da Ásia.
2. Melhorar a economia japonesa implementando cortes drásticos de impostos, adotando medidas monetárias facilitadoras e criando novos grandes setores.

O PRF defende que o Japão deve oferecer um modelo de nação religiosa que permita a coexistência de valores e crenças diversos, e que contribua para a paz global.

Para mais informações, visite en.hr-party.jp

Universidade Happy Science

O espírito fundador e a meta da educação

Com base na filosofia fundadora da universidade, que é de "Busca da felicidade e criação de uma nova civilização", são oferecidos educação, pesquisa e estudos para ajudar os estudantes a adquirirem profunda compreensão, assentada na sabedoria religiosa, e uma expertise avançada, para com isso produzir "grandes talentos de virtude" que possam contribuir de maneira abrangente para servir o Japão e a comunidade internacional.

Visão geral das faculdades e departamentos
– Faculdade de Felicidade Humana,
Departamento de Felicidade Humana

Nesta faculdade, os estudantes examinam as ciências humanas sob vários pontos de vista, com uma abordagem multidisciplinar, a fim de poder explorar e vislumbrar um estado ideal dos seres humanos e da sociedade.

– Faculdade de Administração de Sucesso,
Departamento de Administração de Sucesso

Esta faculdade tem por objetivo tratar da administração de sucesso, ajudando entidades organizacionais de todo tipo a criar valor e riqueza para a sociedade e contribuir para a felicidade e o desenvolvimento da administração e dos empregados, assim como da sociedade como um todo.

– Faculdade da Indústria Futura, Departamento
de Tecnologia Industrial

O objetivo desta faculdade é formar engenheiros capazes de resolver várias das questões enfrentadas pela civilização moderna, do ponto de vista tecnológico, contribuindo para criar novos setores no futuro.

Academia Happy Science
Escola Secundária de Primeiro e Segundo Grau

A Academia Happy Science de Primeiro e Segundo Grau é uma escola em período integral fundada com o objetivo de educar os futuros líderes do mundo para que tenham uma visão ampla, perseverem e assumam novos desafios. Hoje há dois *campi* no Japão: o Campus Sede de Nasu, na província de Tochigi, fundado em 2010, e o Campus Kansai, na província de Shiga, fundado em 2013.

Filmes da Happy Science

O mestre Okawa é criador e produtor executivo de dez filmes, que receberam vários prêmios e reconhecimento ao redor do mundo.

Títulos dos filmes:

- As Terríveis Revelações de Nostradamus (1994)
- Hermes – Ventos do Amor (1997)
- As Leis do Sol (2000)
- As Leis Douradas (2003)
- As Leis da Eternidade (2006)
- O Renascimento de Buda (2009)
- O Julgamento Final (2012)
- As Leis Místicas (2012)
- As Leis do Universo (2015)
- Estou Bem, Meu Anjo (2016)

As Leis Místicas

Vencedor do "**Prêmio Remi Especial do Júri 2013**" para Produções Teatrais no Festival de Cinema Internacional WorldFest de Houston

∽ Filmes da Happy Science ∽

> **Outros Prêmios recebidos por *As Leis Místicas*:**
> – Festival de Cinema Internacional de Palm Beach (indicado entre os Melhores da Seleção Oficial)
> – Festival de Cinema Asiático de Dallas, Seleção Oficial
> – 4º Festival Anual Proctors de Animação, Seleção Oficial
> – Festival Europa de Filmes Budistas, Seleção Oficial
> – Festival do Filme Japonês de Hamburgo, Seleção Oficial
> – MONSTRA – Festival de Animação de Lisboa, Seleção Oficial

As Leis do Universo
(Parte 0)

Estou Bem,
Meu Anjo

Outros livros de Ryuho Okawa

SÉRIE LEIS

As Leis do Sol
A Gênese e o Plano de Deus
IRH Press do Brasil

Neste livro poderoso, Ryuho Okawa revela a natureza transcendental da consciência e os segredos do nosso universo multidimensional, bem como o lugar que ocupamos nele. Ao compreender as leis naturais que regem o universo, e desenvolver sabedoria pela reflexão com base nos Oito Corretos Caminhos ensinados no budismo, o autor tem como acelerar nosso eterno processo de desenvolvimento e ascensão espiritual. Também indica o caminho para se chegar à verdadeira felicidade. Edição revista e ampliada.

As Leis Douradas
O Caminho para um Despertar Espiritual
Editora Best Seller

Ao longo da história, os Grandes Espíritos Guias de Luz, como Buda Shakyamuni, Jesus Cristo, Krishna e Maomé, têm estado presentes na Terra, em momentos cruciais da história humana, para cuidar do nosso desenvolvimento espiritual. Este livro traz a visão do Supremo Espírito que rege o Grupo

Espiritual da Terra, El Cantare, revelando como o plano de Deus tem sido concretizado ao longo do tempo. Depende de todos nós vencer o desafio, trabalhando juntos para ampliar a Luz.

As Leis Místicas
Transcendendo as Dimensões Espirituais
IRH Press do Brasil

A humanidade está entrando numa nova era de despertar espiritual graças a um grandioso plano, estabelecido há mais de 150 anos pelos Espíritos Superiores. Aqui são esclarecidas questões sobre espiritualidade, misticismo, possessões e fenômenos místicos, canalizações, comunicações espirituais e milagres que não foram ensinados nas escolas nem nas religiões. Você compreenderá o verdadeiro significado da vida na Terra, fortalecerá sua fé e religiosidade, despertando o poder de superar seus limites e até manifestar milagres por meio de fenômenos sobrenaturais.

As Leis da Imortalidade
O Despertar Espiritual para uma Nova Era Espacial
IRH Press do Brasil

Milagres ocorrem de fato o tempo todo à nossa volta. Aqui, o mestre Okawa revela as verdades sobre os fenômenos espirituais e ensina que as leis espirituais eternas realmente existem, e como elas moldam o nosso planeta e os mundos além deste que conhecemos. Milagres e ocorrências espirituais dependem não só do Mundo Celestial, mas sobretudo de cada um de nós e do poder contido em nosso interior – o poder da fé.

As Leis da Salvação
Fé e a Sociedade Futura
IRH Press do Brasil

O livro analisa o tema da fé e traz explicações relevantes para qualquer pessoa, pois ajudam a elucidar os mecanismos da vida e o que ocorre depois dela, permitindo que os seres humanos adquiram maior grau de compreensão, progresso e felicidade. Também aborda questões importantes, como a verdadeira natureza do homem enquanto ser espiritual, a necessidade da religião, a existência do bem e do mal, o papel das escolhas, a possibilidade do apocalipse, como seguir o caminho da fé e ter esperança no futuro, entre outros temas.

As Leis da Eternidade
A Revelação dos Segredos das Dimensões Espirituais do Universo
Editora Cultrix

Cada uma de nossas vidas é parte de uma série de vidas cuja realidade se assenta no outro mundo espiritual. Neste livro esclarecedor, Ryuho Okawa revela os aspectos multidimensionais do Outro Mundo, descrevendo suas dimensões, características e as leis que o governam. Ele também explica por que é essencial para nós compreendermos a estrutura e a história do mundo espiritual, e percebermos a razão de nossa vida – como parte da preparação para a Era Dourada que está por se iniciar.

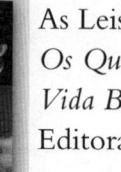

As Leis da Felicidade
Os Quatro Princípios para uma Vida Bem-Sucedida
Editora Cultrix

Este livro é uma introdução básica aos ensinamentos de Ryuho Okawa, ilustrando o cerne de sua filosofia. O autor ensina que, se as pessoas conseguem dominar os Princípios da Felicidade – Amor, Conhecimento, Reflexão e Desenvolvimento –, elas podem fazer sua vida brilhar, tanto neste mundo como no outro, pois esses princípios são os recursos para escapar do sofrimento e que conduzem as pessoas à verdadeira felicidade.

As Leis da Sabedoria
Faça Seu Diamante Interior Brilhar
IRH Press do Brasil

Neste livro, Okawa descreve, sob diversas óticas, a sabedoria que devemos adquirir na vida.
Apresenta valiosos conceitos sobre o modo de viver, dicas para produção intelectual e os segredos da boa gestão empresarial. Depois da morte, a única coisa que o ser humano pode levar de volta consigo para o outro mundo é seu "coração". E dentro dele reside a "sabedoria", a parte

que preserva o brilho de um diamante. A Iluminação na vida moderna é um processo diversificado e complexo. No entanto, o mais importante é jogar um raio de luz sobre seu modo de vida e, com seus próprios esforços, produzir magníficos cristais durante sua preciosa passagem pela Terra.

As Leis da Justiça
Como Resolver os Conflitos Mundiais e Alcançar a Paz
IRH Press do Brasil

O autor afirma: "Com este livro, fui além do âmbito de um trabalho acadêmico. Em outras palavras, assumi o desafio de colocar as revelações de Deus como um tema de estudo acadêmico. Busquei formular uma imagem de como a justiça deveria ser neste mundo, vista da perspectiva de Deus ou de Buda. Para isso, fui além do conhecimento acadêmico de destacados estudiosos do Japão e do mundo, assim como do saber de primeiros-ministros e presidentes. Alguns de meus leitores sentirão nestas palavras a presença de Deus no nível global".

As Leis do Futuro
Os Sinais da Nova Era
IRH Press do Brasil

O futuro está em suas mãos. O destino não é algo imutável e pode ser alterado por seus pensamentos e suas escolhas. Tudo depende de seu despertar interior, pois só assim é possível criar um futuro brilhante. Podemos encontrar o Caminho da Vitória usando a força do pensamento para obter sucesso na vida material e espiritual. O desânimo e o fracasso são coisas que não existem de fato: não passam de lições para o nosso aprimoramento nesta escola chamada Terra. Ao ler este livro, a esperança renascerá em seu coração e você cruzará o portal para a nova era.

As Leis da Perseverança
Como Romper os Dogmas da Sociedade e Superar as Fases Difíceis da Vida
IRH Press do Brasil

Ao ler este livro, você compreenderá que pode mudar sua maneira de pensar e vencer os obstáculos que os dogmas e o senso comum da sociedade colocam em nosso caminho, apoiando-se numa força que o ajudará a superar as provações: a perseverança. Nem sempre o caminho mais fácil é o correto e o mais sábio. Aqui, o mestre Okawa compartilha seus segredos no uso da perseverança e do esforço para fortalecer sua mente, superar suas limitações e resistir ao longo do caminho que o conduzirá a uma vitória infalível.

As Leis da Missão
Desperte Agora para as Verdades Espirituais
IRH Press do Brasil

Estas são as leis do milagre para se viver a era do coração. São leis repletas de misericórdia, ainda que fundamentadas na sabedoria.

∾ Outros Livros de Ryuho Okawa ∾

Poucas pessoas têm consciência de que estão trilhando os tempos da luz, porque o mundo de hoje está repleto de catástrofes e infelicidades. Por isso mesmo o autor afirma: "Agora é a hora". Quando a humanidade está se debatendo no mais profundo sofrimento, é neste momento que Deus está mais presente. *As Leis da Missão* foram, de fato, pregadas. Estas também são as leis da salvação e, ao mesmo tempo, as leis do amor, as leis do perdão e as leis da verdade. Como é difícil falar sobre o mundo da fé àqueles que só acreditam naquilo que pode ser comprovado cientificamente. Aqui estão as respostas para suas dúvidas. Construa um túnel para perfurar a montanha da teoria.

As Leis da Invencibilidade
Como Desenvolver uma Mente Estratégica e Gerencial
IRH Press do Brasil

O autor desenvolveu uma filosofia sobre a felicidade que se estende ao longo desta vida e prossegue na vida após a morte. Seus fundamentos são os mesmos do budismo, que diz que o estado mental que mantivermos nesta vida irá determinar nosso destino no outro mundo. Ryuho Okawa afirma: "Desejo fervorosamente que todas as pessoas alcancem a verdadeira felicidade neste mundo e que ela persista na vida após a morte. Um intenso sentimento meu está contido na palavra 'invencibilidade'. Espero que este livro dê coragem e sabedoria àqueles que o leem hoje e às pessoas das gerações futuras."

SÉRIE ENTREVISTAS ESPIRITUAIS

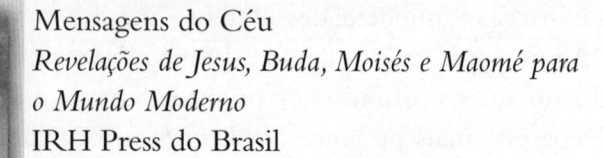

Mensagens do Céu
Revelações de Jesus, Buda, Moisés e Maomé para o Mundo Moderno
IRH Press do Brasil

Ryuho Okawa compartilha as mensagens desses quatro espíritos, recebidas por comunicação espiritual, e o que eles desejam que as pessoas da presente época saibam. Jesus envia mensagens de amor, fé e perdão; Buda ensina sobre o "eu" interior, perseverança, sucesso e iluminação na vida terrena; Moisés explora o sentido da retidão, do pecado e da justiça; e Maomé trata de questões sobre a tolerância, a fé e os milagres. Você compreenderá como esses líderes religiosos influenciaram a humanidade ao expor sua visão a respeito das Verdades Universais e por que cada um deles era um mensageiro de Deus empenhado em guiar as pessoas.

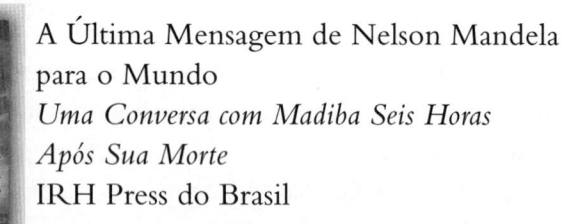

A Última Mensagem de Nelson Mandela para o Mundo
Uma Conversa com Madiba Seis Horas Após Sua Morte
IRH Press do Brasil

A Série Entrevistas Espirituais apresenta mensagens recebidas de espíritos famosos e revolucionários da história da humanidade e também de espíritos guardiões de pessoas ainda encarnadas que estão influenciando o mundo contemporâneo. Nelson Mandela, conhecido como Madiba, veio até o mestre Okawa seis horas após seu falecimento e transmitiu sua última mensagem de amor e justiça para todos, antes de retornar ao Mundo Espiritual. Porém, a revelação mais surpreendente deste livro é que Mandela é um Grande Anjo de Luz, trazido a este mundo para promover a justiça divina, e que, no passado remoto, foi um grande herói da Bíblia.

A Verdade sobre o Massacre de Nanquim
Revelações de Iris Chang
IRH Press do Brasil

Iris Chang, jornalista norte-americana de ascendência chinesa, ganhou notoriedade após lançar, em 1997, *O Estupro de Nanquim*, em que denuncia as atrocidades cometidas pelo Exército Imperial Japonês durante a Guerra Sino-Japonesa, em 1938-39. Foi a partir da publicação da obra que a expressão "Massacre de Nanquim" passou a ser conhecida e recentemente voltou à tona, espalhando-se depressa dos Estados Unidos para o mundo. Atualmente, porém, essas afirmações vêm sendo questionadas. Para esclarecer o assunto, Okawa invocou o espírito da jornalista dez anos após sua morte e revela, aqui, o estado de Chang à época de sua morte e a grande possibilidade de uma conspiração por trás de seu livro.

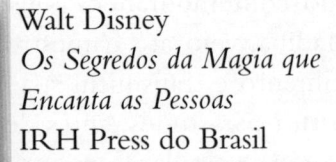

Walt Disney
Os Segredos da Magia que Encanta as Pessoas
IRH Press do Brasil

Walt Disney foi o criador de Mickey Mouse e fundador do império conhecido como Disney World; lançou diversos desenhos animados que obtiveram reconhecimento global e, graças à sua atuação diversificada, estabeleceu uma base sólida para os vários empreendimentos de entretenimento. Nesta entrevista espiritual, ele nos revela os segredos do sucesso que o consagrou como um dos mais bem-sucedidos empresários da área de entretenimento do mundo contemporâneo.

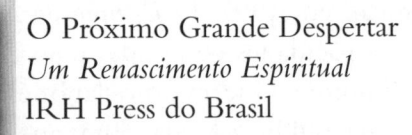

O Próximo Grande Despertar
Um Renascimento Espiritual
IRH Press do Brasil

Esta obra traz revelações surpreendentes, que podem desafiar suas crenças. São mensagens transmitidas pelos Espíritos Superiores ao mestre Okawa, para que você compreenda a verdade sobre o que chamamos de "realidade". Se você ainda não está convencido de que há muito mais coisas do que aquilo que podemos ver, ouvir, tocar e experimentar; se você ainda não está certo de que os Espíritos Superiores, os Anjos da Guarda e os alienígenas existem aqui na Terra, então leia este livro.

Outros Livros de Ryuho Okawa

Mensagens de Jesus Cristo
A Ressurreição do Amor
Editora Cultrix

Assim como muitos outros Espíritos Superiores, Jesus Cristo tem transmitido diversas mensagens espirituais ao mestre Okawa, cujo objetivo é orientar a humanidade e despertá-la para uma nova era de espiritualidade.

Série Autoajuda

THINK BIG – Pense Grande
O Poder para Criar o Seu Futuro
IRH Press do Brasil

Tudo na vida das pessoas manifesta-se de acordo com o pensamento que elas mantêm diariamente em seu coração. A ação começa dentro da mente. A capacidade de criar de cada pessoa limita-se à sua capacidade de pensar. Ao conhecermos a Verdade sobre o poder do pensamento, teremos em nossas mãos o poder da prosperidade, da felicidade, da saúde e da liberdade de seguir nossos rumos, independentemente das coisas que nos prendem a este mundo material. Com este livro, você aprenderá o verdadeiro significado do Pensamento Positivo e como usá-lo de forma efetiva para concretizar seus sonhos. Leia e descubra como ser positivo, corajoso e realizar seus sonhos.

Estou Bem!
7 *Passos para uma Vida Feliz*
IRH Press do Brasil

Diferentemente dos textos de autoajuda escritos no Ocidente, este livro traz filosofias universais que irão atender às necessidades de qualquer pessoa. Um tesouro repleto de reflexões que transcendem as diferenças culturais, geográficas, religiosas e raciais. É uma fonte de inspiração e transformação que dá instruções concretas para uma vida feliz. Seguindo os passos deste livro, você poderá dizer: "Estou bem!" com convicção e um sorriso amplo, onde quer que esteja e diante de qualquer circunstância que a vida lhe apresente.

Pensamento Vencedor
Estratégia para Transformar o Fracasso em Sucesso
Editora Cultrix

A vida pode ser comparada à construção de um túnel, pois muitas vezes temos a impressão de ter pela frente como obstáculo uma rocha sólida. O pensamento vencedor opera como uma poderosa broca, capaz de perfurar essa rocha. Quando praticamos esse tipo de pensamento, nunca nos sentimos derrotados em nossa vida. Esse pensamento baseia-se nos ensinamentos de reflexão e desenvolvimento necessários para superar as dificuldades da vida e obter prosperidade. Ao ler, saborear e estudar a filosofia contida neste livro e colocá-la em prática, você será capaz de declarar que não existe essa coisa chamada derrota – só existe o sucesso.

Mude Sua Vida, Mude o Mundo
Um Guia Espiritual para Viver Agora
IRH Press do Brasil

Este livro é uma mensagem de esperança, que contém a solução para o estado de crise em que nos encontramos hoje, quando a guerra, o terrorismo e os desastres econômicos provocam dor e sofrimento por todos os continentes. É um chamado para nos fazer despertar para a Verdade de nossa ascendência, para que todos nós, como irmãos, possamos reconstruir o planeta e transformá-lo numa terra de paz, prosperidade e felicidade.

A Mente Inabalável
Como Superar as Dificuldades da Vida
IRH Press do Brasil

Muitas vezes somos incapazes de lidar com os obstáculos da vida, sejam eles problemas pessoais ou profissionais, tragédias inesperadas ou dificuldades que nos acompanham há tempos. Para o autor, a melhor solução para tais situações é ter uma mente inabalável. Neste livro, ele descreve maneiras de adquirir confiança em si mesmo e alcançar o crescimento espiritual, adotando como base uma perspectiva espiritual.

Trabalho e Amor
Como Construir uma Carreira Brilhante
IRH Press do Brasil

O sucesso no trabalho pode trazer muita alegria. Mas só encontramos verdadeiro prazer ao cumprir nossa vocação com paixão e propósito – então, nosso sucesso é abençoado de verdade. Quando cumprimos nossa vocação, conseguimos superar todos os obstáculos, pois sabemos que nosso trabalho confere valor à vida dos outros e traz sentido e satisfação para a nossa vida. Aqui, Okawa introduz 10 princípios para você desenvolver sua vocação e conferir valor, propósito e uma devoção de coração ao trabalho com o qual sempre sonhou. Você irá descobrir princípios que propiciam: trabalho de alto nível; avanço na carreira; atitude mental voltada para o desenvolvimento e a liderança; poder do descanso e do relaxamento; liberação do verdadeiro potencial; saúde e vitalidade duradouras.

SÉRIE FELICIDADE

O Caminho da Felicidade
Torne-se um Anjo na Terra
IRH Press do Brasil

Aqui se encontra a íntegra dos ensinamentos das Verdades espirituais transmitidas por Ryuho Okawa e que serve de introdução aos que buscam o aperfeiçoamento espiritual. Okawa apresenta "Verdades Universais" que podem transformar sua vida e conduzi-lo para o caminho da felicidade. A sabedoria contida neste livro é intensa e profunda, porém simples, e pode ajudar a humanidade a alcançar uma era de paz e harmonia na Terra.

Manifesto do Partido da Realização da Felicidade
Um Projeto para o Futuro de uma Nação
IRH Press do Brasil

Nesta obra, o autor declara: "Devemos mobilizar o potencial das pessoas que reconhecem a existência de Deus e de Buda, além de acreditar na Verdade, e trabalhar para construir uma utopia mundial. Devemos fazer do Japão o ponto de partida de nossas atividades políticas e causar impacto no mundo todo". Iremos nos afastar das forças políticas que trazem infelicidade à humanidade, criar um terreno sólido para a verdade e, com base nela, administrar o Estado e conduzir a política do país.

Ame, Nutra e Perdoe
Um Guia Capaz de Iluminar Sua Vida
IRH Press do Brasil

O autor traz uma filosofia de vida na qual revela os segredos para o crescimento espiritual através dos Estágios do amor. Cada estágio representa um nível de elevação no desenvolvimento espiritual. O objetivo do aprimoramento da alma humana na Terra é progredir por esses estágios e desenvolver uma nova visão do maior poder espiritual concedido aos seres humanos: o amor.

A Essência de Buda
O Caminho da Iluminação e da Espiritualidade Superior
IRH Press do Brasil

Este guia mostra como viver com um verdadeiro propósito. Traz uma visão contemporânea do caminho que vai muito além do budismo, para orientar os que estão em busca da iluminação e da espiritualidade. Você descobrirá que os fundamentos espiritualistas, tão difundidos hoje, na verdade foram ensinados por Buda Shakyamuni e fazem parte do budismo, como os Oito Corretos Caminhos, as Seis Perfeições e a Lei de Causa e Efeito, o Vazio, o Carma e a Reencarnação, entre outros.

Convite à Felicidade
7 inspirações do seu anjo interior
IRH Press do Brasil

Este livro convida você a ter uma vida mais autêntica e satisfatória. Em suas páginas, você vai encontrar métodos práticos que o ajudarão a criar novos hábitos e levar uma vida mais despreocupada, completa e espiritualizada. Por meio de 7

inspirações, você será guiado até o anjo que existe em seu interior – a força que o ajuda a obter coragem e inspiração e ser verdadeiro consigo mesmo. Você vai compreender qual é a base necessária para viver com mais confiança, tranquilidade e sabedoria:
• exercícios de meditação, reflexão e concentração respiratória fáceis de usar;
• visualizações orientadas para criar uma vida melhor e obter paz em seu coração;
• espaços para você anotar as inspirações recebidas do seu anjo interior;
• dicas para compreender como fazer a contemplação;
• planos de ação simples, explicados passo a passo.

As Chaves da Felicidade
Os 10 Princípios para Manifestar a Sua Natureza Divina
Editora Cultrix

Neste livro, o mestre Okawa mostra de forma simples e prática como podemos desenvolver nossa vida de forma brilhante e feliz neste mundo e no outro. O autor ensina os 10 princípios básicos – Felicidade, Amor, Coração, Iluminação, Desenvolvimento, Conhecimento, Utopia, Salvação, Reflexão e Oração – que servem de bússola para nosso crescimento espiritual e felicidade.

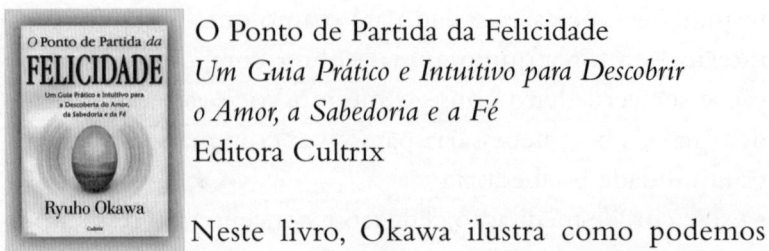

O Ponto de Partida da Felicidade
Um Guia Prático e Intuitivo para Descobrir o Amor, a Sabedoria e a Fé
Editora Cultrix

Neste livro, Okawa ilustra como podemos obter a felicidade e levar a vida com um propósito. Como seres humanos, viemos a este mundo sem nada e sem nada o deixaremos. Podemos nos dedicar à aquisição de propriedades e bens materiais ou buscar o verdadeiro caminho da felicidade – construído com o amor que dá, que acolhe a luz. Okawa nos mostra como alcançar a felicidade e ter uma vida plena de sentido.

Curando a Si Mesmo
A Verdadeira Relação entre Corpo e Espírito
Editora Cultrix

O autor revela as verdadeiras causas das doenças e os remédios para várias delas, que a medicina moderna ainda não consegue curar, oferecendo não apenas conselhos espirituais, mas também de natureza prática. Seguindo os passos aqui sugeridos, sua vida mudará completamente e você descobrirá a verdade sobre a mente e o corpo. Este livro contém revelações sobre o funcionamento da possessão espiritual e como podemos nos livrar dela; mostra os segredos do funcionamento da alma e como o corpo humano está ligado ao plano espiritual.